近しい人が亡くなった…手続きのすべて

standards

どうすれば!?　手続き　届け出　執り行い

近しい人が亡くなった…そのときあなたがやることは？

ねぇねぇ誰か、終活とか手続きとか詳しい人知らない？

あ！いい人知ってるよ。連絡してあげるよ

ありがとう！助かる！

お世話になります。急なお呼びだししてすみません

とんでもございません

この度はさぞかしお力落としのこととお察しいたします。

手続

「手続」と申します。よろしくお願いいたします。

早速ですが、手続きでわからないところがあると？

どこが…、というか、最初からなのですが…

なるほど、大丈夫ですよ。初めての方が多いのですから。

こちらを見てください。葬儀の動きややるべき手続きを流れ図で示したものです

●亡くなった後の一般的な手続きと執り行いの流れ

葬儀・法要の流れ➡

死亡日当日〜2日

生前対策（生前贈与・遺言書の作成・お墓の購入）・看取り

→ **近しい人の死亡（相続開始日）**

→ 死亡診断書の受け取り

→ 葬儀社の選定・連絡・行政への死亡届の提出

→ 訃報の連絡

→ 通夜・葬儀・火葬

※死亡届は7日以内に市区町村役場へ提出

菩提寺に連絡

各種死後事務手続きの流れ➡

健康保険・介護保険・世帯主変更

→ 年金関係の手続き

10〜14日以内

相続の流れ➡

遺言書の確認 → 相続人と財産の確認・調査※

これが亡くなった方に関する必要な手続きと葬儀の基本的な流れです

いっぱいありますね…

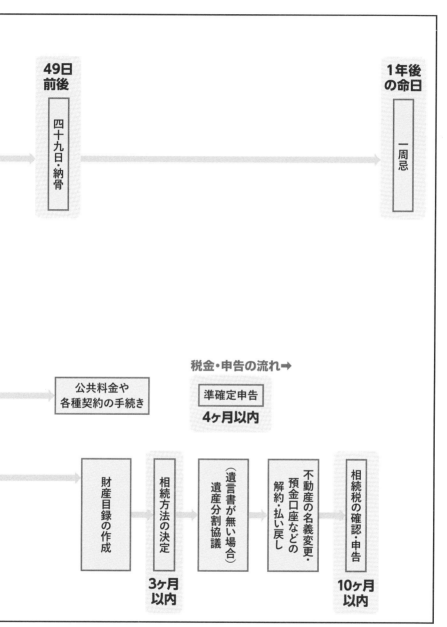

49日前後

四十九日・納骨

1年後の命日

一周忌

公共料金や各種契約の手続き

税金・申告の流れ➡

準確定申告
4ヶ月以内

財産目録の作成

相続方法の決定
3ヶ月以内

（遺言書が無い場合）遺産分割協議

不動産の名義変更・預金口座などの解約・払い戻し

相続税の確認・申告
10ヶ月以内

※相続放棄・限定承認や相続税の申告・納付など期限の定めのある手続きを進める場合は、相続人や財産の調査は、可能な限り早めに取り掛かる必要があります。

相続もやるんですね…。
自分だけでできるかな？

大丈夫です。この流れ図にそって
順番にやっていけばよいのです

それにすべてを一人でやらずに、
ご家族に協力してもらったり、
場合によっては専門家にお願い
することもできます

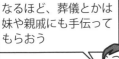

なるほど、葬儀とかは
妹や親戚にも手伝って
もらおう

妹　親族

人によってはやらなく
てもいい手続きもあり
ますので、
それを確認しながら
進めていくのが
よいでしょう

それにこれらを説明して
いるのは、私が信頼する
葬儀や行政の手続きに
精通したコンサルタントと
行政書士の方々です。
安心してください

行政書士

コンサルタント

それは心強い
ですね

相続するほど、いやいや
借金があるかもわからないし…

次にこちらです

やるべきことをスムーズに
理解できるように解説します

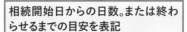

相続開始日からの日数。または終わらせるまでの目安を表記

2ヶ月以内（なるべく早く）

相続人になる場合

必要な戸籍が揃ったら

預貯金を把握しましょう

相続財産の中でも、特に預貯金は一般的な財産ですので、遺産分割を進めるためにも、確実に把握するようにしましょう。

項目を行うべき人の要件

●預貯金を調べる流れ

どこに問い合わせる？
被相続人が口座を持っていた金融機関の支店又は相続センターに口座名義人の死亡を伝える

調べるために用意する書類
・被相続人の死亡の記載のある戸籍謄本
・被相続人との関係を示す戸籍謄本
・金融機関所定の書類

残高証明を取得
死亡時点の口座残高を把握

取引履歴を取得
相続開始前3年間の入出金を把握

取得者確定法は176ページ

金融機関に逝去の連絡をしましょう

相続財産評価の基準日は原則として「相続開始日（故人の死亡日）」です。相続開始後も口座が放置されていると、税金やライフラインなど様々なお金が引き落とされ、相続財産となるべき預貯金が変動してしまいます。

相続が発生したら、金融機関に口座名義人が亡くなった旨を連絡しましょう。口座を持っている支店での継続が確実ですが、支店がわからなかったり、そもそも口座を持っていたかがわからなかった場合には、各金融機関の最寄りの支店に連絡をし、被相続人の情報などを伝えて口座を確認してもらいましょう。

金融機関に口座名義人の死亡を知ると、自動的に口座が凍結されます。その口座で支払いが必要なものがある場合には、事前に支払い口座を変更するようにしましょう。

どこに行けばいいのか、必要な書類の取得方法などの手順を流れ図で案内

「口座残高」と「取引履歴」を確認しましょう

通帳から相続開始日時点での口座残高を確認しましょう。取引内容がまとめて記帳される合算時などで、相続開始日時点での残高を特定できない場合には、残高証明書を取得しましょう。

また、死亡日時点の口座残高＋相続開始前3年以内の贈与分（令和6年以降は段階的に最大7年以内に延長）が課税対象となるため（206ページ参照）相続開始前の入出金を確認する必要があります。こちらも通帳で確認できるとよいのですが、個別の出金額を確認できない場合は、金融機関から取引履歴を取得しましょう。

残高証明書や取引履歴を取得する際は、死亡の連絡時に「残高証明書と取引履歴を取得したい」と伝えておくと安心です。

ポイント

残高証明書を取得するときの指定日に注意！

残高証明書の取得時には「いつ時点での証明が必要か」を記入する必要があります。まずは相続開始日時点での残高証明を2枚取るようにしましょう。なお、未来の真偽分別のために、過去日での残高証明書を取得しておくことは問題ありません。

依頼書の用意ができたら、ご自身と被相続人との相続関係を示す戸籍謄本と印鑑登録証明書、金融機関所定の書類を合わせて提出しましょう。

相続の提出も可能ですが、被相続人名義の口座の全てが把握できていない場合は、わかるもののみ記入して、最寄りの支店の窓口で確認してもらいましょう。

支店に行くと手続きを行う場合、予約して行くとスムーズです。また、貸金庫がある場合は、その支店でしか手続きができないので注意が必要です。

147

おさえておきたい補足情報

各章の終わりには、「～～の場合どうすれば？」といった疑問や質問をQ&A形式でまとめています。ここも確認してもらえると安心です

時系列順で解説しているので、迷うことなく進めることができますよ

なるほど！これはやりやすそうですね！

目次

第1章
看取りと葬儀の準備

第2章 51
通夜・葬儀の執り行い

行政・年金・各種支払いの手続き

相続の手続き・相続税の申告

第7章 ……………………………………… 197

生前対策

第 1 章

看取りと
葬儀の準備

死亡診断書を受け取ることから始まります。まずは葬儀の準備など滞りなくできるように手配をとりましょう。

本章解説

臨終から葬儀準備までの
段取り

葬儀のことを事前に考え、準備しておく人が増えています。形式的なことよりも、どのようにお別れをしたいか？などの視点で考えるとよいでしょう。

●臨終から葬儀までの流れ

臨終

↓

死亡診断書を受け取る

↓

葬儀社の選定

↓

搬送・安置

↓

葬儀の内容を決定

↓

見積書を確認

↓

訃報連絡

↓

死亡届の提出

↓

喪服・小物の準備

そもそも葬儀とは

　有史以来、人間は世界中で弔いの儀式を行ってきました。その儀式の役割をまとめると次のようになります。

① 遺体を葬る

② 死者を（あの世に）送る

③ 社会に知らせる・別れる

④ 死を受け止める・悲しむ

　時代によって、また地域によって儀式のやり方も死生観・宗教観も異なりますが、死別に対して日常とは異なる感情を抱き、現実に向かわざるを得ない状況になる点は共通事項です。様々な感情と共に死者を葬ること、これを体系化、慣習化したのが弔いの儀式であり葬送儀礼、すなわち葬儀なのです。

故人と時間と空間をどのように過ごすか

　現在では亡くなる人の高齢化や地域コミュニティの変化により、一般に広く告知せず、近親者やごく親しい友人・知人が集まって送る家族葬が半数以上を占めるようになりました。

　セレモニーをせず、火葬のみで済ます「直葬」スタイルを選ぶ人も一定数いますが、「直葬でもゆっくりお別れがしたい」というニーズに応えて、直葬、家族葬、一般葬、セレモニーを1日だけとする一日葬など、形式は多様化しています。

➡葬儀の違いや規模とスタイルの説明は35ページ

葬儀社選びと葬儀費用

　納得できる葬儀ができるか否かは、葬儀社選びがすべてといっても過言ではありません。最初が安価なプランだとしても、最終的にはまとまった金額にはなります。葬儀社はできるだけ事前に比較検討しておいた方がよいでしょう。

　葬儀社を選ぶ際は、地域の事情に精通していること、追加料金を含めた見積書を提示してくれる、といった点がポイントです。

　葬儀のことを事前に考えておくことは縁起でもないと、避ける人もいますが、自分のライフステージの最終章として積極的に考える人も増えています。葬儀社でも会館見学会を行ったり、エンディングノートの配布をするなど、様々なイベントを行っているところが多いようです。まずは気軽に参加してみてはいかがでしょうか。

➡葬儀社選びは29ページ、葬儀費用は40ページへ

 ポイント

見積もりの取り方

　葬儀社を検討する際は、葬儀会場の場所と安置場所の選定をセットで考え見積りをとります。葬儀社が決まっていれば、搬送から安置まで慌てることなく対処することができます。準備や手続きなど、不明な点があれば葬儀社に聞いてみましょう。

✔

看取り前
該当する人
親族

本人らしい看取りを迎えられるよう「人生会議」をしておきましょう

突発的な事故でない限り、多くの人が死を迎える際に余命を告知されます。家族や周囲は本人の意思を尊重し、どのような看取りをサポートできるか考えておきましょう。

●看取りの流れ

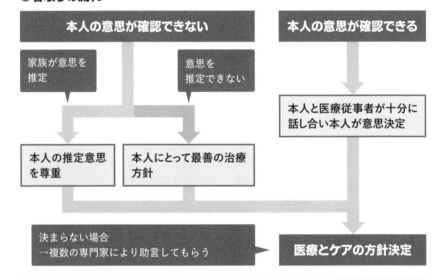

いい看取りができるよう話し合いを

　終末期にどのような医療やケアを受けるか、事前に家族や医療、ケアチームと相談しておくことをアドバンス・ケア・プランニング（ACP）といいます。

　ACPの概念を広めるために、厚生労働省では、11月30日を語呂に合わせて「いい看取りの日」とし、「人生会議」という愛称をつけました。「会議」としているのには「なぜそのように希望するのか？」「なぜそう考えるのか？」という考え方を共有する話し合いを大切にしましょう、という意味があるからです。本人の意思が確認できない場合は、家族や医療、ケアチームなど多職種連携で本人の意思を推定したサポートを行います。

エンディングノート

　家族に伝えておきたいことをまとめておくツールとして、「エンディングノート」がよく使われます。遺言とは異なり法的な拘束力はありませんが、死後のことだけではなく医療や介護の希望、病気やケガで誰かに頼らなければならない場合など、エンディングノートの類に、情報をまとめておくと便利です。

　本人の意思を確認できないと周囲の人はどのように対処すればよいのか悩むものです。事前に意思が明らかであったり、必要な情報が入手しやすい状況であれば、ずいぶん助かることでしょう。

●「遺言書」とエンディングノートの違い

	エンディングノート	遺言書
概要	死に備えて自身の希望を書き留めておくノート	死後の法律関係を定めるために書いておくもの
誰宛てに書く?	家族・親戚	相続に関係する人
書く内容・書式	自由	決まりがある
拘束力	なし	あり
医療や介護の希望	書ける	書けない
以前に書いたもの	参考になる	無効

終末期を迎える場所

　病院で亡くなる方が8割を超えていた時期もありましたが、近年は医療・介護の連携により看取りの制度が整備されるようになり、3割以上が自宅や介護施設で亡くなっています。回復する見込みがないと判断され、これ以上の治療や人工的な栄養補給を本人が望まない場合は、終末期の移行と捉えられ、看取りの体制に入ります。看取りの段階では、本人が望む最期を実現するために、医療や介護などのケアチームや在宅の現場、そして家族との思いを繰り返し確認して共有していく作業が行われます。

●亡くなる場所の変化

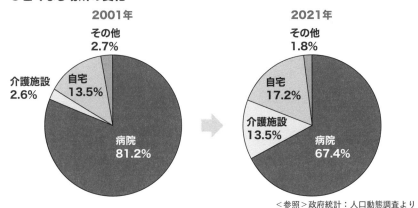

＜参照＞政府統計：人口動態調査より

【病院】病院、診療所
【介護施設】介護医療院、介護老人保健施設、特別養護老人ホーム、有料老人ホームなど
【自宅】自宅のほかグループホーム、サービス付き高齢者向け住宅を含む
【その他】上記に該当しないもの。通所介護施設を含む

用 語 解 説 ··

人生会議

2018年に厚生労働省がACPの概念を広めるためにつけた愛称。11月30日を「いい看取りの日」として人生会議を推奨するよう提言している。

死亡直後

該当する人

遺族

死亡診断書を
受け取りましょう

最近では特別養護老人ホームを中心とした介護施設で亡くなる事例が多くなっています。ですがどこで亡くなっても死亡判定は医師が行います。

●臨終から死亡診断書の交付まで

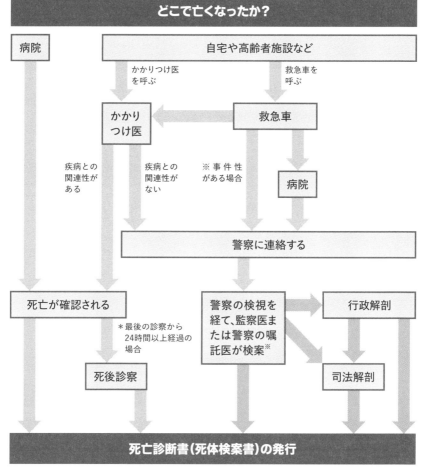

どこで亡くなったか?

病院

自宅や高齢者施設など

かかりつけ医
を呼ぶ

救急車を
呼ぶ

かかり
つけ医

救急車

病院

疾病との
関連性が
ある

疾病との
関連性が
ない

※事件性
がある場合

警察に連絡する

死亡が確認される

警察の検視を
経て、監察医ま
たは警察の嘱
託医が検案※

行政解剖

＊最後の診察から
24時間以上経過の
場合

死後診察

司法解剖

死亡診断書(死体検案書)の発行

※次の動きは検視による

21

病院で亡くなった場合

医師が死亡の判定を行い、死亡診断書を交付します。看護師が点滴や呼吸器を外したり、切開した場合は傷口を塞ぐ処置やエンゼルケアを施します。

自宅や介護施設で亡くなった場合

自宅や介護施設で亡くなった場合は、かかりつけ医を呼びます。生前に診察していた疾病に関連するものであることが判定できる場合には、すぐに死亡診断書が交付されます。

生前に患っていた疾病との関連性がないと思われる場合は、警察で検視が行われ、警察医により検案（死因調査など）が行われます。死因が明らかでない場合は行政解剖に、犯罪性の疑いがある場合は司法解剖が実施され、いずれも医師によって死体検案書が交付されます。

もし本人が「臓器提供」「献体」を希望していたら

■臓器提供とは

臓器の機能障害者のために、脳死後あるいは心停止後に使える臓器を提供することです。

本人が臓器提供を希望している場合、臓器提供意思カードを持っていたり、健康保険証の裏側に記入するなど、意思表示をしているケースが多いです。

最終的には家族が判断することになりますので、承認するか否かは、家族間でよく話し合って決めます。

■献体とは

医学の発展のために、大学の医学部や歯学部に遺体を提供することです。

生前に本人が献体登録を大学や日本篤志献体協会などで行っていることが条件で、さらに家族の同意も必要となります。

同意した場合、通夜・葬儀後、大学側が遺体を大学に搬送します。遺骨となって戻ってくるのは1〜3年後。なお、大学への搬送費用と火葬費用は大学が負担します。

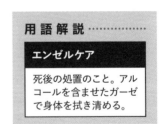

用語解説 ·················

エンゼルケア

死後の処置のこと。アルコールを含ませたガーゼで身体を拭き清める。

死亡直後

該当する人

遺族

遺体を安置する場所を決めましょう

故人をどこに搬送して安置をするかを考えましょう。安置方法や面会の可否、面会時間の制限などを確認して決定します。

● 搬送から安置までの流れ

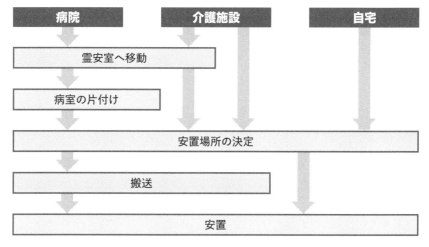

搬送と安置はセットで考える

臨終を迎えたら、最初に考えることは「故人の安置場所の決定」と「搬送」です。安置場所は「自宅」「葬儀会館内の安置室」「火葬場併設安置室」があります。葬儀会館には公営会館などの葬儀社でも使用できる貸会館や葬儀社が保有している自社会館があります。介護施設で亡くなった場合、そのまま自宅と同じように居室で安置できるところも増えています。それぞれの特徴は次ページのとおりです。

搬送は葬儀社に依頼します。葬儀社が保有している自社会館内の安置室を使用する場合は、その葬儀社に依頼。自宅の場合は、どの葬儀社に依頼してもかまいません。自宅や介護施設内で亡くなり、その場で安置をする場合は

搬送の必要はありませんが、遺体保全の処置や枕飾りの準備が必要となるので早めに葬儀社に連絡を入れます。

　なお、搬送については自家用車を利用することも可能ですが、遺体の状態によっては、葬儀社に依頼したほうが無難です。搬送の際、営業用自動車であっても自家用車であっても、死亡診断書の携帯は義務付けられてはいませんが、警察の検問などがあった場合、状況説明を求められることがあるため、自家用車での搬送については犯罪の疑義がかからないように死亡診断書を携帯する方が望ましいとされています。

安置場所の選び方

　面会の可否、仮眠ができるかどうか、環境、費用など、それぞれメリットや注意点があります。故人とどのようなひと時を過ごしたいかという視点で選ぶとよいでしょう。

●安置場所の候補

自宅（介護施設の居室を含む）	
メリット	故人と過ごすことができる。安置部屋の料金がかからない。
注意点	スペースに限りがある。近隣への配慮が必要。
費用	ドライアイス代として1日1万円程度。

葬儀会館内の安置室	
メリット	準備や片付けなど負担が少ない。24時間面会可能、遺族の宿泊・仮眠可能な施設もある。
注意点	面会時間や面会方法は施設によって異なる。
費用	施設使用料として1日5,000円〜3万円前後。加えてドライアイス代として1日1万円程度。

火葬場併設安置施設	
メリット	火葬の際に移動する必要がない。
注意点	施設によって異なるが、面会できないところも多い。
費用	施設使用料として1日1,000円〜5,000円前後。加えてドライアイス代として1日1万円程度。

枕直し

　安置は「枕直し」ともいい、北枕に寝かせる習俗が各地で見られます。側に枕飾りを置き、枕元に逆さ屏風を置いたり、魔除けの刀を胸元に置くこともあります。自宅の神棚は、死の穢れが入り込まないようにという意味で、正面を半紙で隠す「神棚封じ」を行います。仏壇の扉は基本的には閉じませんが、閉じるという説もありますのでどちらも間違いではありません。枕元に備えられた枕飯や枕団子は、葬儀のときに祭壇にお供えされ、棺の中に納めて火葬されます。

●枕飾りの例

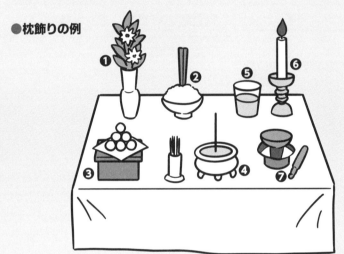

①花立：樒（仏教）、榊（神道）を1本飾る。季節の花でも可。
②枕飯：故人の茶碗にご飯を山盛りにし、箸を立てる。
③枕団子：三宝や皿に白い半紙を敷き、団子を盛る。数は6、9個など地域によって異なる。
④香炉：線香を立て（浄土真宗では寝かせ）て焚く。
⑤浄水：コップや湯呑に水を入れる
⑥ロウソク立て：火気の危険性がある場合はLEDロウソクで代用も。
⑦鈴（リン）：保有している場合は置く。なくてもよい。

用語解説 ・・

北枕

釈迦が入滅したときに頭を北に向けていたことから、北枕は死者の象徴となった。

死亡当日
（7日以内）
✔

該当する人

遺族

死亡届を提出しましょう

死亡届の提出によって、故人は戸籍が抹消され法律的な権利を失います。死亡届は日曜、祝祭日に関係なく、24時間受け付けています。

●死亡届の提出と
死体（胎）埋火葬許可証の取得の流れ

医師による死亡の確認

↓

必要な書類

死亡診断書（死体検案書）を医師から取得し、セットになっている死亡届に記入

↓

市区町村に行く

・死亡した場所、もしくは故人の本籍地がある市区町村役場で死亡届を提出
・同時に埋火葬許可証申請書を取得して、記入後提出し死体（胎）埋火葬許可証を取得※

※死体（胎）埋火葬許可証は火葬場で
　提出するために取得する

死亡届の提出をしましょう

「死亡診断書」と「死亡届」は左右一枚の用紙で、右半分が「死亡診断書（死体検案書）」、左半分が「死亡届」になっており、医師から受け取ります。左側の死亡届に届出人が漏れなく記入します。

法的には、死亡届は7日以内の届け出ですが、届け出と同時に死体（胎）埋火葬許可証の発行申請をするため、死亡当日か翌日に提出することがほとんどです。市区町村役場の受付は24時間可能で、死亡届を提出すると、その場で死体（胎）埋火葬許可証が交付されます。

なお、死亡届は、葬儀社が使者として代わりに提出してくれます。

死産、生後まもなくの死亡の場合

満12週以上の胎児の死産の場合は、医師に「死産証明書」を作成してもらい、役場に提出します。また、出産後すぐに亡くなった場合は、はじめに「出生届」を出してから「死亡届」を出します。いずれも死体（胎）埋火葬許可証を交付してもらい火葬場に提出のうえ火葬します。

死亡届の書き方

　死亡届の届け出については民法で以下のとおり決められており、届出人が書式にしたがって必要事項を書き込んでいきます。（次ページ参照）

■届出人

①同居する親族

②親族以外の同居者

③家主、地主、土地・家屋の管理人

④同居していない親族

　集合住宅の大家や土地の地主といった親族以外でも届出人となり、死亡届に記入することはできます。老人ホームの施設長といった人物が届出人となることもあります。後見人が届出人となる場合は法務局から請求できる「登記事項証明書」などの証明書類が必要です。

　なお、葬儀社が届出人として提出はできますが、死亡届自体を書くことはできません。

■届出先

　死亡した場所か故人の本籍地にある市区町村の役場。あるいは届出人の住所地にある市区町村役場。

■必要なもの

　「死亡診断書」または「死体検案書」

　以前は印鑑が必要でしたが、現在は印鑑の欄が廃止されているところも多い。

■届出期限

　死亡を知った日から７日以内、国外で死亡した場合は、死亡の事実を知ってから３ヶ月以内に提出します。（現地で発行した証明書が必要）

　特定の感染症で亡くなった場合。そのまま病院から自宅に運ぶことはできません。病院で遺体を保管した後、火葬されます。遺骨になった後は、骨葬という形で通夜、葬儀・告別式を行うことはできます。なお、24時間以内に火葬することが許可されています。

　死亡届と死亡診断書は、様々な場面で提出が求められます。原本は保管し、多めに（５部以上推奨）コピーをとっておきましょう。

●死亡届 ※死亡診断書の左側（法務省死亡届サンプルより）

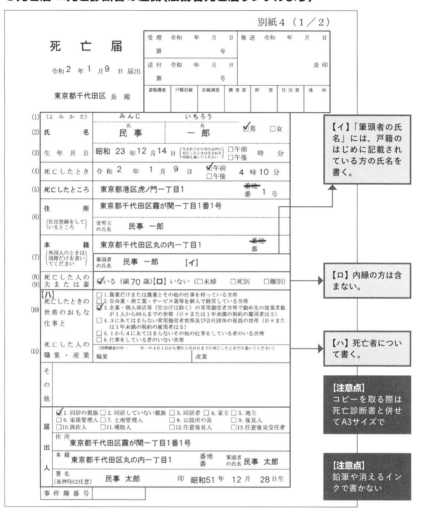

別紙４（１／２）

死 亡 届

令和2 年 1 月 9 日 届出

東京都千代田区 長 殿

受理 令和 年 月 日	発送 令和 年 月 日
第 号	長印
送付 令和 年 月 日	
第 号	

| 書類調査 | 戸籍記載 | 記載調査 | 調査票 | 附票 | 住民票 | 通知 |

(1) （よみかた）　みんじ　　いちろう

(2) 氏 名　民事　一郎　　☑男　□女

(3) 生 年 月 日　昭和 23 年 12 月 14 日（生まれてから30日以内に死亡したときは生まれた時刻も書いてください）　□午前　時　分　□午後

(4) 死亡したとき　令和 2 年 1 月 9 日　☑午前　4 時 10 分　□午後

(5) 死亡したところ　東京都港区虎ノ門一丁目1　番地　1 号　番

(6) 住 所（住民登録をしているところ）　東京都千代田区霞が関一丁目1番1号　世帯主の氏名　民事　一郎

(7) 本 籍（外国人のときは国籍だけを書いてください）　東京都千代田区丸の内一丁目1　番地　番　筆頭者の氏名　民事　一郎　【イ】

(8)(9) 死亡した人の夫または妻　☑いる（満 70 歳）【ロ】　□いない（□未婚　□死別　□離別）

(10) 【ハ】死亡したときの世帯のおもな仕事と
- □1. 農業だけまたは農業とその他の仕事を持っている世帯
- □2. 自由業・商工業・サービス業等を個人で経営している世帯
- ☑3. 企業・個人商店等（官公庁は除く）の常用勤労者世帯で勤め先の従業者数が1人から99人までの世帯（日々または1年未満の契約の雇用者は5）
- □4. 3にあてはまらない常用勤労者世帯及び会社団体の役員の世帯（日々または1年未満の契約の雇用者は5）
- □5. 1から4にあてはまらないその他の仕事をしている者のいる世帯
- □6. 仕事をしている者のいない世帯

(11) 死亡した人の職業・産業（国勢調査の年…　年の4月1日から翌年3月31日までに死亡したときだけ書いてください）　職業　　産業

その他

届出人
- ☑1. 同居の親族　□2. 同居していない親族　□3. 同居者　□4. 家主　□5. 地主
- □6. 家屋管理人　□7. 土地管理人　□8. 公設所の長　□9. 後見人
- □10. 保佐人　□11. 補助人　□12. 任意後見人　□13. 任意後見受任者

住所　東京都千代田区霞が関一丁目1番1号
本籍　東京都千代田区丸の内一丁目1　番地　番　筆頭者の氏名　民事　太郎
署名（※押印は任意）　民事　太郎　印　昭和51 年 12 月　28 日生

事件簿番号

【イ】「筆頭者の氏名」には、戸籍のはじめに記載されている方の氏名を書く。

【ロ】内縁の方は含まない。

【ハ】死亡者について書く。

【注意点】
コピーを取る際は死亡診断書と併せてA3サイズで

【注意点】
鉛筆や消えるインクで書かない

用語解説 ···

埋葬

「墓地埋葬等に関する法律」では、埋葬とは土葬のことを意味。対して焼骨を土中に埋めることを埋蔵とし、使い分けている。

✓

死亡当日

葬儀社を選定しましょう

該当する人

喪主もしくは
施主

葬儀社は地域に精通した業者の中から選びましょう。事前
に数社から見積もりをとり、内容を比較検討しておくこと
をおすすめします。

●葬儀社の探し方・選び方

葬儀社または葬儀会館に心当たりがある	ない →	・インターネットで検索 ・寺院、教会 ・親戚・知人に聞く に聞く

↓

地域の事情に精通している
葬儀社から2～3社抽出する

ある ↓

葬儀の相談をする(事前相談、当日相談)

↓

費用・内容に納得したら契約

葬儀社選びのポイント

　葬儀社には、専門葬儀社、互助会系、農協などがあり、大手から地元密着型
の中小企業まで様々。近年はネットでパッケージ商品を販売し、実際の施行は
地域の葬儀社に委託するネット系サービスも利用することができます。

　葬儀は会館などのハード面と、人的サービスのソフト面で良し悪しが左右され
る部分が大きく、費用だけで業者を決めるのはおすすめしません。地域の事情
に精通した業者2～3社から事前に見積もりをとって、葬儀の内容を比較検討し
ておくことをおすすめします。なお、かつては「見積書と請求書の料金が違っ
た」というトラブルもありましたが、現在はほとんどありません。その代わり近
年は「広告（CMやホームページの内容）と見積額が大きく違う」という苦情が
増えていますので、見積もりを取って比較検討するという作業は必須です。

葬儀の場所を決めましょう

　葬儀の場所を決めるときは、「集まりやすい場所であること」「故人の意志」「参列者の人数」「費用」「設備」「使いやすさ」などを考慮します。自宅や寺院などを会場とする場合、比較的葬儀社を自由に選ぶことができますが、葬儀社の自社会館を使用する場合は、自動的に葬儀社が決まります。

互助会システムや会員制度の利用の注意点

　葬儀の備えとして一般的によく知られているのが互助会制度です。冠婚葬祭互助会（以下、互助会）は、毎月1,000円〜3,000円程度の掛け金を前受金として払い込むことで、冠婚葬祭の儀式に対するサービスが受けられるというシステムです。しかし、掛け金で葬儀費用のすべてをまかなえるわけではなく、もともとの葬儀プランが高く設定されているためお得感がないという声も少なくありません。各互助会が保有している葬儀会館は比較的豪華な造りが多く、会場費が割高に感じることもあります。解約時は手数料が2割程度とられてしまうことも注意点になります。

　そうはいっても、互助会は割賦販売法に基づき経済産業大臣の許可を得た事業者で、加入者の権利は保護されています。将来的に葬儀を依頼したい互助会が決まっているなら、入会して葬儀費用の備えと事前相談を行っておいてもよいでしょう。

　互助会ではなく、各葬儀社が独自に会員システムをとっているところもあります。行っている独自の会員システムは、入会金が有料・無料を始め、特典も各会員システムで異なりますが、一例として祭壇の割引や上位セットへグレードアップ、式場使用料の割引などがあります。

●葬儀社選びのチェックポイント

明確な見積もりを提示してくれる

広告と実際に見積もりの差異をわかりやすく提示してくれるか。
式場使用料や火葬費用、そのほか追加料金についてもわかりやすく価格を提示してくれるかどうか。

地域の慣習や事情を理解している

山や川を隔てて慣習が異なることは珍しくない。地元に密着して活動している葬儀社がおすすめ。

事前相談、アフターフォローの体制がある

葬儀だけではなく、看取りの段階から連携ができ、相続や葬儀後の諸手続き、法要の相談などアフターフォローの体制が整っているかどうか。

要望に応える姿勢がある

単なるプラン説明だけではなく、故人や遺族の心情に寄り添い、適切な内容や演出を提案してくれるかどうか。FAXや電話だけではなく、担当者とのやりとりなどを柔軟に対応してくれるかどうかも決め手となる。

用語解説

喪主と施主

葬儀全般を執り行う人で遺族の代表者が喪主。葬儀費用を担う人が施主。

用語解説

冠婚葬祭互助会

冠婚葬祭に備えてお金を積み立てるサービス。掛け金の払い込み期間中でも利用可。全国組織なので、全国冠婚葬祭互助協会に加盟している法人間であれば、転居しても受けられるしくみ。

死亡当日

該当する人

喪主もしくは
施主

寺院に連絡し、葬儀や戒名の打ち合わせをしましょう

日本で行われる葬儀の約9割は仏教形式で行われています。葬儀を寺院に依頼する際には「お布施」として金封を渡す慣習があります。

●葬儀の形式

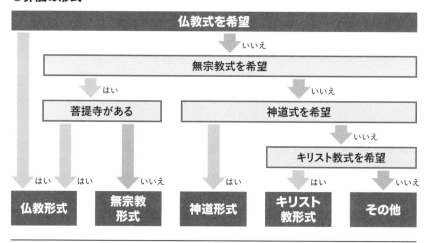

菩提寺への連絡と葬儀の相談をしましょう

　先祖代々のお墓がある菩提寺があれば、葬儀社の手配と同時に、できるだけ早いタイミングで訃報の連絡を入れます。葬儀社との打ち合わせを終えてからの連絡となると、日程の調整などでトラブルになることもあります。葬儀をせず、火葬のみの場合も訃報の連絡だけは入れておきましょう。

　菩提寺が遠方にあり、明らかに葬儀当日に来てもらうことが不可能という場合でも、今後の法要や納骨の際にお世話になる可能性が高いので、必ず一報を入れて葬儀についての相談をしましょう。その際、葬儀当日は、同じ宗派の寺院を紹介してもらいます。その際、戒名（法名）は菩提寺からいただくのが基本。

　菩提寺がない場合は、葬儀社に依頼すれば、宗旨・宗派に沿った寺院・僧侶の紹介をしてくれます。

戒名の意味

　戒名（浄土真宗では「法名」、日蓮宗では「法号」）は、原則的に菩提寺の住職に授けてもらいます。現代では宗教的な意味合いを理解して授かる人は少なくなっていますが、寺院の貢献度や格式に応じて授与されるという形は変わっていません。戒名の基本的な構成は下記のとおりですが、宗旨・宗派によって、また寺院によっても異なります。

●戒名の構成

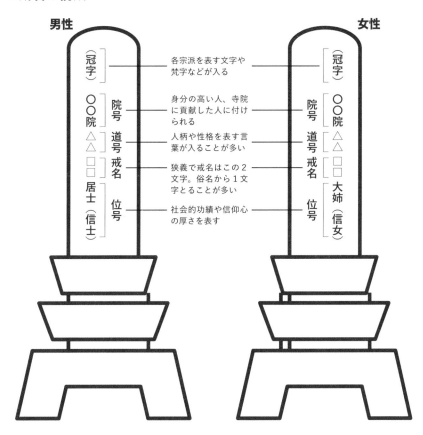

男性　　　　　　　　　　　　　　　　　　　　　　　**女性**

（冠字）────各宗派を表す文字や梵字などが入る

○○院　院号────身分の高い人、寺院に貢献した人に付けられる

△△　道号────人柄や性格を表す言葉が入ることが多い

□□　戒名────狭義で戒名はこの2文字。俗名から1文字とることが多い

居士（信士）　位号────社会的功績や信仰心の厚さを表す

大姉（信女）

戒名の構成は宗旨・宗派によって違います。
浄土宗では「道号」に「誉」という文字が、日蓮宗では「日」「妙」が入ることが多くなります。
浄土真宗では戒名ではなく「法名」といい、2文字の戒名の上に「釋」が付きます。

お布施を準備しましょう

　寺院へ渡す金品を「お布施」といいます。現代では読経や戒名に対するお礼という意味合いで渡す人が多いのですが、これらの対価でもなければ労働に対して渡すものでもありません。お布施は奉書紙と呼ばれる紙に包むか、専用の金封に入れて「お布施」と表書きをして渡します。

●寺院でのお布施の目安

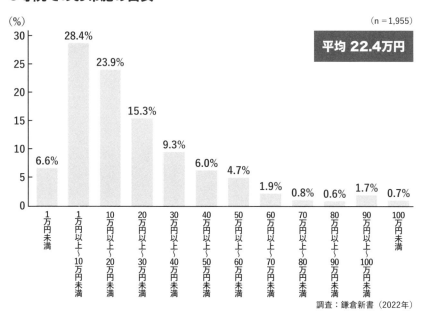

調査：鎌倉新書（2022年）

お布施の金額はデータとして求めにくいのですが、「第12回 葬儀についてのアンケート調査」（2022年：日本消費者協会）によると、葬儀の際に渡したお布施の額は全国平均で42.5万円（2020年:n=1212人）となっています。一方で、「第5回お葬式に関する全国調査」（2022年：鎌倉新書）によると、全国平均で22.4万円（2020～2022年：n=1955人）と調査団体によって回答が異なります。
あくまで目安程度としてとらえてください。

用語解説

菩提寺

先祖代々の墓があったり、法要などの付き合いがある寺のこと。位牌を預かり、お祀りしている寺院もある。

死亡当日	**葬儀の規模と葬儀プランを決めましょう**
該当する人	
喪主もしくは施主	葬儀関連のパンフレットやホームページには、「一般葬」「家族葬」「一日葬」など様々な葬儀プランがあります。

●規模とスタイル

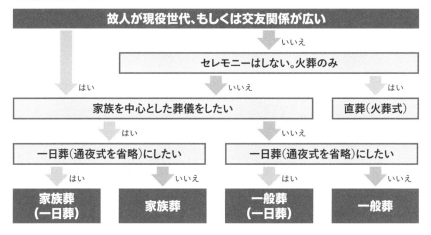

葬儀プランを立てましょう

葬儀プランを考えるとき、規模から考えるとよいでしょう。故人の交友関係から参列者の人数を想定しますが、故人が現役世代であったり、交友関係が広い場合は、参列者を限定せず広く訃報を告知することをおすすめします。訃報をお知らせする範囲を限定し、家族・親戚と親しい間柄の友人・知人のみが集まるスタイルを希望するなら家族葬という形になります。一日葬は、通夜式を省略して葬儀・告別式のみにするというスタイルで、規模は一般葬にすることも家族葬にすることもあります。

近年、「葬儀は簡単でいい」と考える人が増え、家族葬や直葬（火葬式）といった葬儀スタイルを選択する人が増えています。新型コロナの流行以降、

1日で葬儀を済ませたいと一日葬も増えてきました。

　ただし、「訃報を後から知った」と後日弔問者がきたり、香典が送られてくるなど家族の負担になるケースも珍しくありません。一度に完結する気持ちで相当規模の儀式を行った方がよいこともあります。

　葬儀スタイルは20年ほど前から家族を中心とした家族葬タイプが急速に増えています。コロナ渦では、通夜を省き葬儀・告別式のみの一日葬に注目が集まりました。

　「第4回、第5回お葬式に関する全国調査（調査：鎌倉新書）」によると、2020年の段階でも家族葬が4割以上を占めていましたが、2022年にはさらに増加し、半数以上が家族葬で執り行ったという結果になっています。

●葬儀スタイルの変化

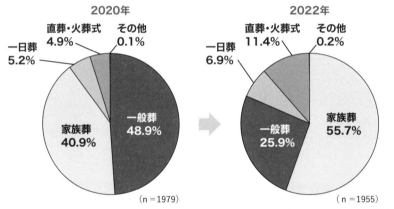

引用：第4回、第5回お葬式に関する全国調査（鎌倉新書）

家族葬

　家族、故人と親しい友人・知人のみが集まる葬儀スタイルのこと。葬儀の規模は身内のみ数名から、友人・知人を含めた30〜40名程度になります。通夜、葬儀・告別式といった一連の流れは通常の葬儀と同様に行われます。

一日葬

　通夜のセレモニーをせず、葬儀・告別式のみ行う葬儀スタイルで、規模は家族葬（30〜40名程度）になることもあれば、一般葬（50名以上）になるケースもあります。もともと通夜は看取りの延長であり、夜を通して遺族が故人を見守っていた慣習からきたものです。通夜を式として行うことはなくても、故人を囲んでお別れの時間と空間をもつことはできます。

　葬儀・告別式の手順や流れは通常の葬儀と同様に行われます。

直葬・火葬式

　通夜、葬儀・告別式といった儀式は行わず、安置後（死後24時間以内の埋葬または火葬は禁止）、火葬場へ搬送し火葬をするスタイルです。枕元に花を飾ったり、僧侶に枕経をあげてもらったり、火葬炉前においてに簡単な炉前法要が行われることもあります。菩提寺がある場合は、寺院から後日戒名（法名）をいただくことになります。四十九日法要、一周忌法要、納骨法要など法要を省略してもよいといわけではありませんのでご注意ください。

用語解説 ···

死後24時間以内の埋葬または火葬は禁止

ただし、感染症法で定められた病原体による死亡の場合、24時間以内の火葬が認められている。

当日から翌日

該当する人

喪主もしくは施主

葬儀の日程と内容を決め、告知しましょう

葬儀の日程を決めるときは、火葬場や葬儀式場の空き状況、僧侶の都合、親戚の都合などを考慮して決定します。

●葬儀の内容を決める流れ

規模の検討
・参列者の人数の見当をつける

日程の調整
・葬儀会場の決定
・火葬場の予約
・僧侶の手配

葬儀内容の決定
・祭壇、棺、骨壺、会葬御礼状、会葬御礼品、香典返し、食事（通夜ぶるまい、精進落とし）などの内容を決める
・香典、供花、供物の受け取り可否を決める

葬儀の準備
・遺影写真の選定
・メモリアルコーナー（遺品）の準備

葬儀の連絡
・通夜、葬儀・告別式の日程と場所を通知

日程を決めましょう

葬儀会館を決めたら、火葬場や僧侶の都合も考慮して日程調整します。一般的には亡くなって1〜3日以内に通夜を行うケースが多いのですが、1週間以上空いてしまうことも珍しくありません。また、友引の日を休業日としている火葬場も多いようです。慣例により、先に火葬を済ませてから葬儀・告別式が行われる地域もあります。このように遺骨の状態で葬儀を行うことを「骨葬」といいます。

日程が決まったら葬儀社と内容を詰めていきます。

通夜、葬儀・告別式の日程と場所を関係者にお知らせします。FAX、メール、LINEなどを使用するとよいでしょう。

香典、供花、供物の辞退をする場合は、この時点でお知らせします。

自分たちで準備すべきもの

葬儀の内容は、各葬儀社が提示したプランをベースに組み立てていきます。

■遺影写真

遺影は葬儀の当日だけではなく、何年も飾られるものです。遺影用に使う写真はその人らしい表情がにじみ出ているものがよいでしょう。遺影写真といえば四つ切サイズが定番ですが、最近はデジタル遺影写真として祭壇に飾られることも増えています。

■会葬礼状の文面

会葬礼状とは、葬儀に参列した人へ渡すお礼状のことです。500円〜1,000円程度の会葬御礼品とセットにして渡します。葬儀社では会葬御礼状の見本を用意していますが、オリジナルの文章にする場合は、あらかじめ文章を考えておきましょう。

■香典・供花・供物の受け取り可否

香典・供花・供物を受け取るかを決めます。特に関西では香典の受け取り拒否が増えている傾向があります。

香典を受け取る場合、香典返しの金額分を寄付する形もあります。その場合は寄付することを会葬礼状の文言などに明記して意思表示をしましょう。

●香典の取り扱いについて

葬儀費用への充当など
葬儀費用に充当し、香典返しとして1/2〜1/3の品物を用意する慣例がある。

寄付
福祉団体、慈善団体に寄付することもある。会葬御礼状の文章に寄付をする旨を記載しておくとよい。

香典の辞退
「故人の遺志を尊重」し、香典を受け付けないこともある。
香典返しの必要がなくなるが、参列に対するお礼「会葬御礼状」「会葬御礼品」は用意したほうがよい。

葬儀費用の見積もりを出して もらいましょう

ホームページや広告に記載されている葬儀費用は最低料金です。地域の慣習による違い、火葬費用による違いのほか、追加費用も把握しておくようにしましょう。

●葬儀にかかる費用（2020年）

葬儀一式	120万	
通夜からの飲食接待費用	20万	2つの合計が葬儀社の見積もり140万円
寺院へのお布施	40万	

お香典の額	15万

※日本消費者協会のアンケートより編集部作成

葬儀社の見積書を確認しましょう

　葬儀費用は大まかに分けると、「葬儀一式費用（葬儀施行費用）」「飲食接待費用」「お布施（宗教者への謝礼）」に分類できます。このうち「お布施」以外が、葬儀社の見積書に記載される項目となります。

　日本消費者協会が1983年から定期的に行っているアンケート調査によると、調査年により多少前後はあるものの、葬儀費用の合計額は約180万円となっています。

　次ページに内訳の目安を掲載しています。しかし、全国一律ではありませんので、あくまで目安程度としてください。

●葬儀一式費用

名目	金額	解説
搬送	約2万円/10km	遺体の搬送に使用する車両費用
安置	1～3万円/1泊	葬儀会館内にある安置室の使用料
棺	3～8万円	材質・装飾によって金額が異なる
遺体保全 （ドライアイス）	1～1.5万円/1泊	ドライアイスは毎日交換。1回の使用量は約10kg
祭壇	30万円～	祭壇の大きさ、デザインによって異なる
会場費	5万円～	会場の立地、大きさ、豪華さによって異なる
火葬	無料～10万円	地域、公営・民営の違いなどがある
骨壺	1～10万円	骨壺のデザインによって異なる

●飲食接待費用

名目	金額	解説
会葬礼状	5000～1万円/100枚	参列者全員に渡す印刷物
会葬御礼品・ 祖供養品	500～1,000円/1個	参列に対する返礼の品物。香典の有無にかかわらず渡す
香典返し（即日返し）	2,000円～/1個	お香典に対して渡す品物。最近は葬儀の当日に香典の額にかかわらず一律同じ品物を渡すことも多い
通夜ぶるまい	3,000円/1人	通夜の後の会食で大皿料理を準備。地域によって異なるが、全員が席につくわけではないので人数の1/2～1/3が目安
精進落とし・お斎	3,000円～/1人	火葬後、還骨・初七日法要後の会食

葬儀で最低限必要なものとは

　葬儀には様々な費用がかかりますが、必要なもの、必要でないものを把握しておくことが出費を抑えることにつながります。

　最低限必要なものは、棺、搬送、遺体保全、火葬、骨壺、安置の費用など、故人の身体の保全と火葬を済ませるまでの葬具となります。通夜、葬儀・告別式のセレモニーをするなら、会場の手配が必要となるほか、祭壇や遺影、参列者を迎えるために必要な会葬礼状、会葬御礼品、香典返し、通夜ぶるまいや精進落としの料理の手配が必要です。

　「故人が好きだった花を飾りたい」「料理にこだわりたい」などの希望がある場合は、オプションとして追加費用が発生します。

　また、「火葬場が混んでいるために、1週間以上待つことがあった」というケースもあります。安置の日数が長くなると、ドライアイスの費用や安置室の使用料が日数分かかります。遺体の状況によって、また安置期間が1週間以上になると見込まれる場合は、エンバーミングという遺体保全処置を施すこともあります。

葬儀費用に関するトラブルを防ぐには

　葬儀費用は不透明、と言われて久しいですが、ホームページやパンフレットで葬儀費用を明確にしているところは増えています。しかし、そのほとんどは「〇〇円～」と最低価格しか表示していません。そもそも火葬費用も無料から10万円かかる火葬場まで様々。会館使用料も立地、大きさ、内装などによって異なります。地域による慣習の違いもありますから、全国一律でないことを念頭に入れておきましょう。

　近年、インターネットで葬儀パッケージを販売する仲介サービス業者の広告を目にする機会が増えました。インターネット仲介サービス業者は、各地域の提携葬儀社に葬儀施行をあっせんするビジネスモデルです。便利なサービスですが、事前に相談して比較検討する点は同じです。検討している地域に提携葬儀社がない場合は、遠方の葬儀社に依頼するケースになることもあります。

安価な葬儀費用を売りにしていますが、追加費用が発生した場合の詳細も確認しておくようにしましょう。

葬儀費用の支払い方法

葬儀費用の支払いの多くは終了後に入金します。内金として葬儀前に一部入金をするところもあります。

支払い方法は、概ね１週間以内に現金一括払が多いですがクレジットカード決済に対応するところも増えています。クレジットカード決済に対応している場合は、分割払い・リボ払い・ボーナス払いなど支払い方法の選択ができます。

用 語 解 説 ……………………………………………………………………

エンバーミング

遺体の保存、防腐、殺菌、修復を目的に、専門技術者であるエンバーマーが行う遺体に対する特殊な処置やその技術。

通夜・葬儀までに

**喪服・小物の準備を
しておきましょう**

該当する人

喪主もしくは
施主
（参列者含む）

喪服とは、喪の最中に着用する服という意味です。喪服にも格がありますが、近年はその差はほとんどなくなり、多様化の観点から女性でもパンツスーツの喪服が増えています。

●格式による喪服の違い※

喪主・遺族・親戚	参列者

葬儀・告別式
一周忌までの
法要

急な参列、通夜
三回忌以降の
法要

葬儀・告別式
一周忌までの
法要

急な参列、通夜
三回忌以降の
法要

正喪服（正礼服）

ワンピース、アンサンブルが基本。装飾は控えめに、盛夏服でも肌の露出を抑えたものを着用。

準喪服（準礼服）

ツーピース、異素材を組み合わせたアンサンブルスーツなど。デザインは正喪服に比べるとカジュアル。

略喪服（略礼服）

ブラックやグレーなどモノトーン調のスーツ。パンツスーツや模様入りスーツも可。

※男性は後述の服装が基本。細かい女性の場合に記述する。

着用すべき喪服

　本来、喪服は葬儀・告別式の場だけ着用するものでした。なぜなら通夜には臨終時の看病の延長であり、生きているときと同じように食事を出したり、夜を徹して過ごすという意味があったからです。時代とともに通夜が参列者との告別の場となり、遺族も参列者も通夜、葬儀・告別式を通して喪服を着用するようになりました。

　喪服を格式で分けると、格上から正喪服、準喪服、略喪服となり、遺族・親戚は正喪服もしくは準喪服が適当だといわれています。しかし昨今では、正装とされる装い以外、あまりその区別はなくなっています。また多様化を反映して女性でもパンツスーツの喪服姿をよくみかけるようになりました。

女性の場合

＜洋装＞

黒のフォーマルスーツで、襟の詰まったデザインを選びます。夏は露出度が高くなるので特に注意が必要。バッグ、靴、ストッキングも基本的に黒で統一します。日本の慣習では弔事の際、結婚指輪以外のアクセサリーは外すのが基本。「ジェットやパールのアクセサリーはつけてもかまわない」とされています。ネックレスは一連にします。

＜和装＞

和装の場合は格式を重んじる傾向があり、格上の組み合わせから「黒喪服＋黒喪帯」「黒喪服＋色喪帯」「色喪服＋黒喪帯」「色喪服＋色喪服」となります。それぞれの立場やＴＰＯを考えて着用します。「色喪服」「色喪帯」といっても、華やかな色や柄物ではなく、白やグレー、紫などの落ち着いた色調に、流水や蓮の花などが描かれたものです。遺族の場合、通夜の喪服は葬儀・告別式より格を下げたものを着用します。

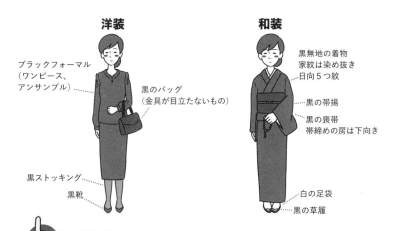

洋装
ブラックフォーマル（ワンピース、アンサンブル）
黒のバッグ（金具が目立たないもの）
黒ストッキング
黒靴

和装
黒無地の着物 家紋は染め抜き 日向5つ紋
黒の帯揚
黒の喪帯 帯締めの房は下向き
白の足袋
黒の草履

ポイント

急な連絡時の対応

　不祝儀（不吉なこと）は急なことが多いので、すぐに喪服が用意できない場合もあります。その際は貸衣装を利用する方法もありますが、ファストファッションブランドでも取り扱いがあるうえ、通販でも気軽に購入できる時代ですので、できれば揃えておきたいものです。
　春夏用、秋冬用の2パターン準備しておくと安心です。

男性の場合

＜洋装＞

正装はモーニングコートですが、社葬や団体葬でなければブラックスーツが一般的です。ダブルでもシングルでもかまいませんが、スリーピースの場合、ベストも黒で統一しましょう。ワイシャツは白、ネクタイは黒無地でタイピンはつけません。ベルト、靴下、靴も黒で統一します。なお、日本では弔事の際のポケットチーフは不要とされています。

＜和装＞

羽二重などの黒無地染め抜き五つ紋付きの着物と羽織に、仙台平の袴をつけます。

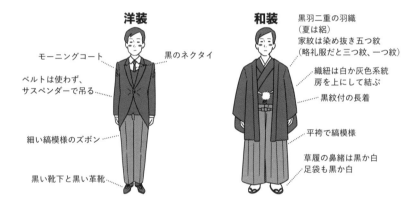

洋装
- モーニングコート
- 黒のネクタイ
- ベルトは使わず、サスペンダーで吊る
- 細い縞模様のズボン
- 黒い靴下と黒い革靴

和装
- 黒羽二重の羽織（夏は絽）家紋は染め抜き五つ紋（略礼服だと三つ紋、一つ紋）
- 織紐は白か灰色系統房を上にして結ぶ
- 黒紋付の長着
- 平袴で縞模様
- 草履の鼻緒は黒か白足袋も黒か白

👆 **ポイント**

子どもの場合

学校に制服があれば、それが礼服になります。制服がなければ黒、紺、グレー系の洋服を選びます。

用語解説 ·······················

モーニングコート

男性の昼の最上級正装のひとつ。ジャケットのボタンの留め方が慶事と弔事で異なる。慶事は拝むように合わせ、弔事は通常のスーツと同じで重ねて留める。

こんなときどうする？
臨終から葬儀準備までの疑問・質問

臨終前後から葬儀までの執り行いについて、寄せられる質問や疑問に葬儀に詳しいコンサルタントが答えます。

Q 訃報連絡はメールかSNSでもいいですか？

A：連絡手段としては有効。

「訃報は電話や書面で出すもので、メールやSNSの活用は失礼」といわれていました。しかし最近ではメールやSNSなどを通じて告知する人が増えています。理由としては、日常的にプライベートでも、仕事の場面でもメールやSNSなどのツールを使用する人が増えてきたからです。中には、お互いの住所や電話番号は知らないけれどSNSでつながっているという人もいるでしょう。しかし、メールやSNSは情報が不本意に「拡散」される可能性もあり、使い方には注意が必要です。また、電話や書面による連絡を頼りにしている人もまだ多いこともあるので、メールやSNSだけに連絡方法を限定してしまうのも配慮に欠けます。

Q 本人は火葬のみでよいと言っている。家族として注意すべき点は？

A：「なぜそれを希望するのか」理由を聞きましょう。

本人は「火葬のみでよい」と思っていても、本人と家族の思いが必ずしも一致しているとは限りません。「なぜそれを希望するのか」話し合っておくこと「人生会議をしておくこと（20ページ参照）」が大切です。「お金がかかるから」という理由であれば、事前に相談をすることでどこの葬儀社でどのようなスタイルで行えばよいのか検討しておくことができます。「周囲に知らせたくない」という人もいますが、その場合、後日訃報を知った人から「お別れがしたかった」とおくやみの連絡が入ったり、香典が送られてきたりと、かえって家族の負担になってしまうこともあります。

菩提寺がある場合は、火葬のみでも事後報告にせず、「通夜、葬儀・告別式はしない」とあらかじめ伝えておきましょう。寺院によっては枕経や炉前法要を行ってくれることもあります。

なお、四十九日法要など追悼儀礼を省略してもよいというわけではありませんのでご注意を。

Q 家族葬を行う際の通知の注意事項は?

A：葬儀の案内や通知方法など家族観で統一しておく。

家族葬といっても、数人程度から30名程度と様々です。家族だけではなく、故人と親しかった友人・知人にもお知らせすることも多いようです。

遺族の勤務先は、忌引き休暇を届けるのでお知らせは必須ですが、家族葬で行う旨を伝え、上司や同僚の参列の可否について、また香典、供花、弔電の受付可否についてはっきりと伝えておくと混乱を回避できます。

その他、葬儀の案内や通知方法などは家族間で統一しておくとよいでしょう。

Q 病院で紹介された葬儀社に依頼してもよいですか?

A：選択肢のひとつとして考えてください。

「病院に出入りしている葬儀社は、提携をするために病院の近くに事業所を設けたり、私立の病院だと多額の契約金を支払っていることもあり、その経費が葬儀費用に上乗せされている」といわれることがあります。たしかに一部、葬儀費用を高めに設定している業者もありますが、すべてがそういうわけではありません。ただ「病院が紹介してくれるから安心」というのも間違いです。どのような葬儀を得意としているのか、サービスの質などを病院が把握しているわけではありませんので、あくまで選択肢のひとつとして考えるのが無難でしょう。

複数の葬儀社との相見積もりを拒んだり、「他社への変更はできない」と迫ってくる葬儀社ならその時点でやめたほうよいでしょう。

Q 葬儀社を通さずに会葬御礼品、香典返しの手配をすることは可能ですか?

A:葬儀社、葬儀式場によって異なります。

原則持ち込みは不可のところが多く、可能であっても持ち込み料がかかることもあるので、事前に確認が必要です。また、可能であっても当日の準備や配布する人の手配は自分たちで行わなければなりません。

葬儀社手配の場合は、式の途中でも迅速に追加注文ができたり、多めに注文した場合は実際に使用した分の精算のみでOKだったりと、柔軟に対応してくれます。

Q 友引や仏滅は気にしたほうがいいですか?

A:友引は火葬場が休みのところも多いです。

友引はその文字から、「友引に弔事を行うと、友人や家族が一緒にあの夜に連れ去られてしまうという」俗信があります。もともと中国の発祥の六曜（六輝）に由来し

たもので、戦いでの引き分けを意味する「共引」と書かれていたようです。

とはいえ、忌み嫌う人もいますので、火葬場の定休日を友引にしているところも多く、そのため葬儀もその日には行われません。通夜はその日に火葬するわけではないので、友引でも行います。

なお、仏滅は不祝儀の場合は全く気にしなくてよいでしょう。

Q 真冬の葬儀、服装の注意点はありますか?

A:コートは寒色系、ストッキングは厚手で防寒対策を。

コートは黒のフォーマルコートがあればベストですが、寒色系であれば失礼になりません。毛皮や革コート、スポーティすぎるジャンパーは避けます。

女性のストッキングについてはデニール数という糸の太さの違いが記されているのですが、弔事の場合は20デニールから80デニール程度がよく着用されます。気候に応じて前後する分には問題なく、寒さの厳しい地域なら100デニール以上であっても許容範囲で

す。

雪の日など、悪天候の際は足元が濡れた状態になるのでスノーブーツの着用をおすすめします。足元が濡れた状態だと、式場内での転倒リスクが高まるので、式場についたら別の靴に履き替えるなどの配慮がほしいところです。

Q
火葬場が混んでいて、予約がとれません。

A：安置場所を変えるかエンバーミングで遺体保全処置を。

火葬場（火葬炉）が少ない地域や、火葬場の休みが続く年末年始など、予約が取れず数日安置してから葬儀・告別式を行うケースがあります。火葬場の混雑状況は地域によって異なり、予約がとりやすい地域もあれば、1週間以上待たないと取れないところもあります。また午前中の早い時間帯や、14時以降なら比較的空きがあるという火葬場も。

時間帯を変更すれば取れることもありますので、火葬場の空きを確認してみましょう。それでも取れないようでしたら、冷蔵庫タイプの安置に変更したり、エンバーミングを施してご遺体を長期保存できる状態にしておきます。

なお、中には火葬場が空いているにもかかわらず、安置料金の加算やエンバーミング施術の販売を目的として、「火葬待ち」をうたう業者もあります。火葬の空き状況の確認については、業者でなくても喪家（葬儀を取り仕切る家）でも確認できるところもあるので、無理やり安置に関係するオプションをすすめる業者だったら、念のため確認してもよいかもしれません。

第2章

通夜・葬儀の執り行い

葬儀当日は喪主として滞りなく進めないとな！

受付とか細かいところは私がやるから安心して！

本章解説

該当する人

身近な人が
亡くなった

通夜から葬儀・火葬までの流れ

通夜から葬儀・告別式、火葬までは人の出入りも多くあわ
ただしく過ぎていきます。全体の流れを頭に入れておけ
ば、その都度葬儀社がアドバイスをしてくれます。

●葬儀の流れ

納棺

↓

通夜準備

↓

通夜・通夜ぶるまい

↓

葬儀・告別式

↓

出棺・火葬

↓

還骨・初七日法要

↓

精進落とし

↓

遺骨を自宅へ安置

通夜、葬儀・告別式とは

通夜は夜に行われるセレモニー、葬儀・
告別式は日中に行われるセレモニーと認識
し、特に意味を考えている人はそう多くな
いかもしれません。通夜は夜を通して死者
のそばに付きそうことで、臨終の際の看病
の延長にあるものでした。葬儀・告別式は、
もともと故人を送る儀式である葬儀式と、
親しい人が集まって別れを告げる告別式が
一体化したものです。

現代では、昼間より夜間のほうが参列し
やすいという事情で、内々で過ごす通夜が
告別式化するようになり、コロナ渦以降は、
その通夜を省いて葬儀・告別式のみとする
一日葬が増える現象も。考え方によっては
セレモニーが一日に短縮したのではなく、
身内のみで故人と過ごしていたかつての時
代に戻ったともいえるのかもしれません。

どのような形であっても、大切な人を亡
くしたという感情に寄り添うために、弔い
の儀式が行われることに違いはありません。
➡通夜、葬儀・告別式の流れは57〜65ペ
ージへ

火葬場の炉前で見送り、遺骨を拾骨するのが日本の慣習

日本の火葬率は99.9%、全国で火葬場は150か所弱あります。ほとんどが公営の火葬場で、東京都（特に区部）など一部民営火葬場があります。日本の火葬場は、棺を火葬炉に入れるところを見届けるのが特徴です。また、遺骨を拾骨し、「箸渡し」という作法で骨壺に納めるという慣習があります。

火葬場の中には、喪主や家族が点火ボタンを押すところもありますが、実際に点火をするのではなく、管理スタッフに「点火の準備ができた」という合図だそうです。

➡火葬の流れは69ページへ

葬儀マナーを理解して行動しましょう

価値観や習慣が異なる人たちが滞りなく儀式を執り行うためには、モラルを理解し、相手を思いやり尊重する心を形で表現していく技術が必要です。

日本の葬儀マナーは、死者に対して尊厳を持ち、地域の慣習や信仰・宗教と融合しながら伝承されてきたこともあり、全国共通のルールはありません。マナーは押し付けるものでもありません。

ここでは宗教による違いや焼香、玉串奉奠、献花の作法をご紹介しますが、信教の自由がありますので、強制ではありません。しかし、「なぜそうふるまうのか」といった本来の意味を理解し弔いにふさわしい行動を意識することが大切です。

➡焼香、献花、玉串奉奠の作法は67ページへ

ポイント

葬儀時の現金の管理

通夜、葬儀・告別式当日は、香典など現金を預かることもあります。香典など現金の管理は信頼できる関係者を決めて徹底して行ってもらいます。

納棺を執り行いましょう

布団やベッドなどに安置した状態の遺体を棺に納めること
を「納棺」といいますが、それを儀式として執り行うこと
を「納棺の儀」といいます。

●納棺の流れ（仏式）

通夜の前、葬儀前
親戚が集まりやすいとき に行う

↓

死装束を着せる （上から掛ける）

↓

死化粧を施す

↓

棺に納める

↓

副葬品を納める

納棺の儀でやること

　納棺の儀は、親戚が集まりやすい時間帯で行わ
れます。通夜の前か、一日葬であれば葬儀開式前
に行われることもあります。納棺前に棺に納める
ものを準備しておきましょう。

　納棺の儀に必要な葬具は宗教・宗派に沿ったも
のを葬儀社が準備してくれます。

　仏式（仏教）では、死装束（ししょうぞく）に着替えます（上か
ら掛けるだけのケースもある）。死装束は、浄土へ
旅する僧侶をイメージしたもので、冥途の旅支度
と言われています。

　経帷子（きょうかたびら）を左前に着せ、手には手甲・脚絆をつけ、
白足袋とぞうりを履かせます。頭陀袋（ずだぶくろ）には、三途
の川の渡し賃となる六文銭を模した紙を入れます。
頭部には「天冠（てんかん）」「頭巾」と呼ばれる三角形の白い
布と網傘を付けます。旅支度ができたら遺体をゆ
っくりと棺の中に納めます。利き手付近には杖を
置いて棺の蓋をかぶせます（右ページ図参照）。

　納棺の際、死化粧と言われるメイクを遺族と一
緒にすることあります。特別なメイクではなく、ヒ
ゲやうぶ毛をそり、生前の姿に近いメイクを施し
ます。

●死装束の例

仏式の場合、死装束といわれる白い仏衣を着せて納棺します。なお、浄土真宗では死者は旅をせず、すぐ極楽浄土へ往生するという教義のため、死装束は身につけません。

神道では「神衣」「浄衣」といわれる死装束になります。

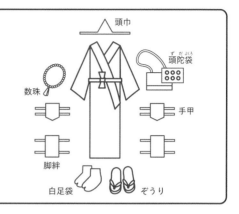

頭巾

頭陀袋

数珠

手甲

脚絆

白足袋 ぞうり

納棺の前に湯灌が行わることがあります

湯灌とは、遺体を沐浴させて身を清める行為のことで、納棺に先立って儀式として行われることもあります。昔ながらの湯灌はたらいを用いて自分たちで行っていましたが、現代の湯灌は湯灌業者が持ち込んだ浴槽で業者の手によって行われています。

湯灌の作法

湯灌は「逆さ水」という日常生活とは異なる作法で行われます。湯温の調節も、水にお湯を足すという通常とは逆の温度調節を行います。シャワーを用いて全身を清めますが、タオルをかけて肌を隠して行われます。

湯灌料金について

湯灌を行う場合、追加費用（8万〜15万円ほど）がかかることもあります。

用 語 解 説 ....

天冠

死者の頭につける三角の布。幽霊の象徴のようになっているが、高貴な人が身に着ける冠と同じ意味。

副葬品を棺に納める

納棺の際、故人の愛用品などを棺に納めることができます。入れてもよいものと入れてはいけないものがあります。

●入れてはいけないもの

眼鏡、結婚指輪、腕時計など

金属製品やガラス製品など不燃物は入れることができません。

紙幣・硬貨

昔は三途の川の渡し賃として共に土葬された時代もありましたが、硬貨は不燃物のうえ、硬貨を傷つけると「貨幣損傷等取締法」という法律に抵触します。現代では六紋銭を模した紙を納めることが一般的になっています。紙幣はただちに違法とはなりませんが、避けた方がよいでしょう。

ゴルフクラブ・釣り竿・ラケットなどのカーボン製品

カーボン製品は燃えにくく、燃え切らない炭素繊維が微細な粒子となって浮遊し、火葬炉の設備に影響を及ぼすことがあります。

革靴、革手袋、レザージャケットなど皮革製品

皮革製品は燃えにくいので、燃焼に時間がかかることがあります。

水分の多い食べ物

スイカ、メロンなど大きくて水分の多い果物は、燃焼の妨げになります。入れる場合は一口サイズにカットしたものを入れます。紙パックのジュースや酒などもそのまま入れるのは避けましょう。

辞書、アルバムなど厚みのある書籍類

辞書やアルバムなど厚みのあるものは燃焼の妨げになります。入れる場合は分冊化したり、一部のページに限定するなどの工夫をしましょう。

故人がペースメーカーを装着している場合は、火葬炉内で爆発する危険性があります。必ず葬儀社、火葬炉職員に伝えてください。

✔

通夜当日

該当する人

仏式で執り行う
喪主・遺族

通夜を執り行いましょう

通夜の開式は、午後6時〜7時くらいとするケースが多いようです。開式前には会葬礼状の確認、供花・供物の確認、席次の確認などをしておきます。

●**通夜の流れ**

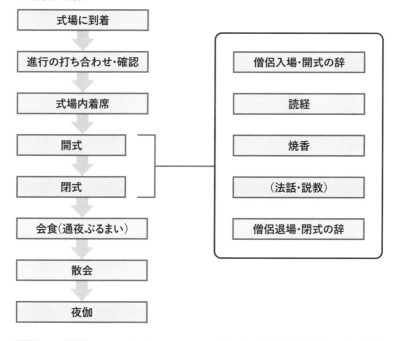

通夜での動き

　通夜の開式の1時間から1時間半前になると、式場の準備が整い、会葬御礼品や会葬礼状が搬入されますので、文面と名前の最終確認をします。供花の札を祭壇に並べる場合は並び順を調整します。

　僧侶は約30分前に到着しますので、控室に案内して喪主は挨拶をします。

　定時になって僧侶が入場し、読経が始まってしばらくしたら焼香が始まり

ます。一般焼香の際、参列者から軽く挨拶をされることもありますが、読経中なので会話は控えめにし、目礼程度にとどめておきます。読経、法話が終わったら僧侶が退場しますので、控室へ向かい翌日の流れの打ち合わせをしておきましょう。

　通夜ぶるまい（会食）は故人とお膳を囲む最後の食事の席となりますが、地域によって内容や過ごし方が異なります。関東では江戸前寿司や煮物といった内容が多いのですが、おこわや麺類を出す地域もあります。席につくのは親戚のみで、参列者には餅や折詰などを持ち帰ってもらう地域もあります。

　通夜は本来、近親者で行うものでしたが、現代では日中に行われる葬儀・告別式よりも参列者が多く、事実上通夜が告別の場となっています。そのため親戚や参列者の対応のほか、会葬礼状や供花芳名の確認など、対外的な配慮が必要となります。葬儀社の案内に従って確認作業をしていきましょう。

　供花の並び順は、一般的に血縁の深い人が祭壇に近くなります。供花が祭壇のデザインと一体型になっている場合は、札を立てずに「芳名板」として入り口や祭壇脇に芳名を掲示することもあります。

供花や供物の代金は当日精算することもあります

　供花や供物の代金など、当日現金精算するケースもあります。精算方法などはあらかじめ葬儀社と相談して決めておきましょう。

　受付係は親戚や知人にあらかじめ依頼しておきましょう。頼める人がいない場合は、葬儀社の方で人員の手配が可能ですが、会計係は香典を扱うことになりますので葬儀社が関与することはありません。受付方法や香典の取り扱いなども、あらかじめ決めておきます。

　会葬礼状や供花は特に名前の間違いがないか確認しておきましょう。

用語解説 ···

夜伽（よとぎ）

死者のそばに近親者が夜通し付き添うことで通夜と同じ意味。仲間が交代で泊まり込む習わしを夜伽といい、通夜と区別している地域もある。

葬儀当日

該当する人

仏式葬儀を行う
喪主・遺族

葬儀・告別式を
執り行いましょう

葬儀は葬送儀礼の略で、広い意味では臨終から納骨までの一連の流れを指しますが、ここでいう葬儀は宗教儀礼などによって故人を送る儀式のことを指します。

●葬儀・告別式の流れ

| 式場に到着 |

| 進行の打ち合わせ・確認 |

| 式場内着席 |

| 開式 |

| 閉式 |

| お別れの儀 |

| 喪主の挨拶 |

| 出棺 |

| 僧侶入場・開式の辞 |

| 読経 |

| 焼香 |

| 法話・説教 |

| 僧侶退場・閉式の辞 |

※途中、弔辞披露、弔電紹介が入る
こともある

葬儀・告別式での動き

葬儀・告別式では喪主もしくは遺族代表の挨拶が入ります。開式前に挨拶をする人を決め、文面を考えておきます。式中に弔電を披露するのであれば、整理して全文を読み上げる人と、名前のみ読み上げる人を葬儀社に伝えます。火葬場に行く人数、火葬後に精進落とし（会食）をする人数もあらかじめ確認しておきましょう。

開式後、僧侶が故人を送る儀式「引導作法」が終わったら、司会者の案内により弔辞の拝受があったり、焼香がスタートします。

　葬儀・告別式が終わると、棺が式場の中央に運び出され、遺族や近親者が故人と最後の対面となる「お別れの儀」が始まり、棺の中に花や副葬品を納めます。

　出棺のとき、遺族代表による挨拶が行われます。一般的には喪主が挨拶をしますが、人前で話せる状態でなかったり、喪主が未成年の場合などは、別の遺族が代わりに挨拶を行うことが多いようです。

葬儀・告別式での動き

　葬儀・告別式は、死者をこの世からあの世へ引き渡す宗教的な儀式である葬儀式と、別れを告げる社会儀礼が合わさったものです。多くの場合、葬儀式と告別式は同時並行で進行されます。

　葬儀・告別式当日は、儀式以外に火葬、会食が行われますので、確認すべき項目が多くなります。葬儀社のアドバイスに従って確認していきましょう。なお、火葬してから葬儀・告別式を行う「骨葬」（前火葬）の地域も多くあります。骨葬地域では、午前中に出棺して荼毘に付し、午後から葬儀・告別式を行うという流れが一般的です。

遺族挨拶の文例

　喪主または遺族代表による挨拶は、だいたい1〜2分程度でまとめるようにします。普段は人前で話すことに慣れている人でも、悲しみの中にいる場所ではうまく話せない人が多いようです。短くても感謝の気持ちが伝われば十分です。次のような定型文を組み合わせて考えてみましょう。

●遺族挨拶の文例と流れ

冒頭の挨拶	本日はお忙しい中、〇〇〇の葬儀に参列いただきありがとうございました。
	本日は、お足元の悪い中、〇〇の葬儀にご参列賜り、誠にありがとうございました。
エピソード	母は、病院の先生方の配慮により、最後の10日間は自宅で過ごすことができました。子どもや孫に囲まれて、とても喜んでいる様子でした。
	私たちは結婚して40年になります。ささいなことでよく喧嘩もしましたが、ふりかえればそれもよい思い出で、幸せな人生だったと思います。
感謝の言葉	存命中は、温かい励ましやお見舞いをありがとうございました。〇〇に代わりまして、心より御礼申しあげます。
	〇〇の人生を支えてくださいました皆様に、改めて感謝申し上げます。
結び	今後とも変わらぬご指導とご厚情を賜りますよう、お願い申し上げます。
	今後とも〇〇と同様、ご指導いただけますことをお願い申し上げます。

葬儀にまつわる言い伝え・迷信

地域による風習

葬儀には様々な言い伝え、風習があります。いずれも故人が無事にあの世に行けるようにという願いや、残された人が気持ちを整理する意味が込められています

釘打ち

死に対する恐怖感から棺の蓋に釘を打つ作業です。現在は遺族の心情を考え行われていないことが多いです。

出棺時の搬出

故人が戻ってこないよう玄関以外の場所から運び出します。ぐるぐる回してから搬出することもあります。

火葬場への往復ルート

故人が戻ってこないように、行きと帰りは別のルートを通るという言い伝えもあります。

茶碗割り

故人が思い残すことなく無事にあの世に旅立ってほしいという願いを込めて、故人が使っていた茶碗を遺族が玄関先で割る風習です。

霊柩車と親指

「霊柩車を見たら親指を隠す」という迷信があります。由来としては親の死に目に会えなくなる、親指から死者の霊が入ってくるからなど諸説あります。

用 語 解 説 ···

荼毘

火葬すること。インドのパーリ語の「燃やす」からきた音写。

葬儀当日

該当する人

神道式で
執り行う
喪主・遺族

神道による葬儀の場合

神道では一連の葬送儀礼を「神葬祭（しんそうさい）」といいます。細かく分けると、通夜に相当するのが「遷霊祭・通夜祭」で、葬儀・告別式にあたるのが「葬場祭・告別式」となります。

●神道の神葬祭の流れ

遷霊祭・通夜祭	葬場祭・告別式
遺族・親戚着席	遺族・親戚着席
神職入場・開式の辞	神職入場・開式の辞
献饌・祭詞奉上、誄歌奉奏など	献饌・祭詞奉上、誄歌奉奏など
遷霊（御霊写し）	
玉串奉奠	玉串奉奠
撤饌	撤饌
神職退場・閉式の辞	神職退場・閉式の辞

仏式と大きな違いはありません

日本人に馴染みのある神道ですが、神葬祭は全体の2％程度しか実施されていないため、作法や進行に戸惑ってしまう人も多いでしょう。聞きなれない言葉も多いですが、基本的な流れは仏式と大きな違いはありません。

開式の時刻が来たら、斎主と斎員（神職）が入場します。神職が式場内のお祓い「修抜（しゅばつ）」をし、お供えもの「饌（せん）」をお供えします。通夜の場合は、室内の明かりをすべて消し、「御霊写し」と呼ばれる遷霊祭が行われます。

仏式で行われる焼香に対し、神葬祭では玉串を奉奠します。拝礼は神社によって異なりますが、二拝、二拍手、一拝が一般的です。拍手は忌が明けるまでは音を立てない「しのび手」で行います。（→玉串奉奠67ページ参照）

 ポイント

神葬祭で使われる言葉

神葬祭は、日本固有の葬儀をベースに、体系化された仏式と融合して整えられたものです。難しい漢字で聞きなれない言葉が多いのですが、覚えておくとよいでしょう。

おくり名

神道では、戒名にあたる名前を「おくり名」といい、名前の下に「之霊」「命（みこと）」「霊位」などをつけます。男性は「大人命（うしのみこと）」、女性は「刀自命（とじのみこと）」をつけることもあります。

霊璽（れいじ）

故人の霊を移すもので、仏教の位牌に相当し、「御霊代（みたましろ）」とも呼ばれます。白木の木板に穴の開いた蓋がセットになっていて、遷霊祭りでは蓋をはずして御霊移しが行われます。通常は蓋をしめたままお祀りし、命日や年祭など特別な行事のときはずすことがあります。

帰幽（きゆう）

死亡すること。故人が亡くなったことを氏神様、神棚に奉告すること「帰幽奉告」といいます。神棚の前には忌明け（五十日祭）まで白い半紙を貼って「神棚封じ」をします。

饌（せん）

供物のことで神饌物ともいいます。米、酒、塩、水を基本とし、そのほか海の魚、乾物、野菜、卵、餅、果物、菓子などをお供えします。

奥津城、奥都城（おくつき）

お墓のこと。外部からさえぎられた奥の住まいという意味があるそうです。神道式のお墓は、墓石の頭部が平らではなく、四角錐の形状になっているものが多くみられます。
線香立てではなく、神饌をお供えする八足案などが設置されます。

直会（なおらい）

神事の際の会食のことを直会といいます。

御霊舎・祖霊舎の設置例

仏壇にあたるものを御霊舎・祖霊舎といいます。霊璽は神棚におさめずに、御霊舎でお祀りします。一般的に、神棚より下に設置します。

用 語 解 説 ···

神職

神社で祭儀や社務を行う者。神官という人もいるが、厳密には国家の官吏身分になるため、神官は現在存在しない。

葬儀当日

キリスト教による葬儀の場合

該当する人

キリスト教で
執り行う
喪主・遺族

日本でのキリスト教葬儀は、地域の習俗や文化に配慮されているのが特徴です。一般的な仏式の葬儀に準じた形で行われます。

●キリスト教での葬儀の流れ

```
司式者(神父・牧師)
入場・開式の辞
      ↓
聖書朗読。聖歌・讃美歌、
祈りなど
      ↓
献花・焼香など
      ↓
司式者(神父・牧師)
入場・開式の辞
```

キリスト教にはカトリックとプロテスタントをはじめ、諸教派がありますが、いずれも臨終時に神父・牧師を呼び、祈りがささげられます。亡くなった後も、故人の傍に寄り添い、遺族や関係者と共に祈りの場が設けられます。

冠婚葬祭全般の儀式ですが、信仰の妨げにならないかぎり日本の特色、事情に合わせて行われます。葬儀も例外ではありません。細かい点での作法は異なりますが、仏式の進行に準じた形で行われ、おおむね聖書の朗読、説教、聖歌・讃美歌、祈りなどで構成されています。

キリスト教の葬儀では、葬儀社の役割は霊柩車や棺の手配、遺体の保全、会場の設営などが中心で、司会進行を行うことはほとんどありません。基本的には教会主導で行われますので、日頃から付き合いのある葬儀社か、キリスト教を得意とする葬儀社に依頼するケースが多いようです。

キリスト教の葬儀の特徴

日本のキリスト教の葬儀は、仏式に準じているとはいえ、異なる点も多いので注意が必要です。たとえば遺影写真を正面に飾ったり、供花の名札を祭壇に並べることはしません。

弔辞は、故人に向けてではなく、遺族への慰めや励ましを重点に、遺族や参列者側を見て語りかけます。

料理や会葬礼状（返礼品）などは、地域の慣習を考慮しながら遺族の希望に準じて行われます。

カトリックとプロテスタントの違い

キリスト教の葬儀が行われるのは全体の0.8％〜１％ほど。その中でもカトリックとプロテスタントがほとんどです。

カトリックはローマ教皇をトップとしたピラミッド型の組織ですが、プロテスタントでは様々な教派に分かれていて、各教会において独自に執り行われています。大まかな違いは次のとおりです。

	カトリック	プロテスタント
聖職者の呼び方	神父・司祭	牧師
会食	聖体拝領	聖餐式
病者へのサクラメント	病者の塗油	なし
マリアの扱い	聖母として崇敬	イエス・キリストの母
ロザリオ（数珠のようなもの）	あり	なし
通夜	通夜	前夜式、棺前祈祷式
葬儀・告別式	葬儀ミサ・告別式	葬儀・告別式、記念礼拝など
焼香	可能	なし（可能な教派もあり）
歌	聖歌	讃美歌・聖歌
亡くなること	帰天	召天

用語解説 ··

「帰天」「召天」「昇天」

亡くなることをカトリックでは「帰天」、プロテスタントでは「召天」という。
「昇天」は「キリストの昇天」というように、イエス・キリストにしか使用しない。

焼香、献花の作法を
おさえましょう

葬儀の作法は、慣れていないと戸惑うものです。作法がわからない場合はスタッフに確認してみましょう。自分の宗教の作法はおさえておきたいものです。

焼香の作法

　焼香の作法は、厳密には宗派によって異なります。相手の宗派に合わせなければいけないと思いがちですが、一般の方がすべての宗派の作法を知るのは不可能です。まずは自身の信仰や菩提寺の宗派の作法をおさえておきましょう。

　線香のあげ方も、宗派によって異なります。例えば、線香は火をつけて立てる場合と、横に寝かせる場合があります。共通しているのは火の消し方です。口で吹き消さずに手であおいで消します。

●焼香の作法

① 焼香台の少し手前で遺族と僧侶に一礼。焼香台に進み、向かって一礼。数珠を左手にかけ、右手で抹香をつまむ。
② 右手で抹香をつまみ、額におしいただく（浄土真宗では額におしいただかない）。
③ 抹香を静かに香炉の炭の上にくべる。
④ 合掌。その後少し下がり遺族に一礼して席に戻る。

●宗派による焼香・線香の作法の違い

宗派	焼香の回数	焼香の作法	線香の作法
天台宗	1〜3回	額におしいただきながら焼香	3本たてる（奥に1本手前に2本の正三角形）
真言宗	3回	額におしいただきながら焼香	3本たてる（奥に1本手前に2本の正三角形）
浄土宗	1〜3回	額におしいただきながら焼香	1〜3本たてる
浄土真宗本願寺派（西）	1回	抹香は額におしいただかず、そのままつまんで香炉へ	香炉に横に寝かせて入れる（香炉の長さに合わせて折る）
真宗大谷派（東）	2回	抹香は額におしいただかず、そのままつまんで香炉へ	香炉に横に寝かせて入れる（香炉の長さに合わせて折る）
臨済宗	1〜3回	額におしいただきながら焼香	1本たてる
曹洞宗	2回	1回目は額におしいただき、2回目はそのまま香炉へ	1本たてる
日蓮宗	1回または3回	額におしいただきながら焼香	1本たてる
日蓮正宗	3回	額におしいただきながら焼香	香炉に横に寝かせて入れる（専用の香炉を使用）

玉串奉奠の作法

　神道では、拝礼の際に榊の枝に楮の皮でつくられたユウ（木綿）やシデ（紙垂、四手）と呼ばれる紙片をつけた玉串を捧げます。

献花の作法

　キリスト教や宗教・宗派にとらわれない自由葬（無宗教）といわれる形式の場合、焼香や玉串奉奠にかわって献花でお別れをするケースが多くみられます。

　献花に用いられる花は、菊やカーネーションなど蒸散しにくく、茎の長い生花が用いられることが多いのですが、故人が好きだった花やカラフルな洋花が用いられることもあります。

用語解説 ··

数珠

葬儀の最中、数珠は左手に持ったままが望ましい。貸し借りはNG。無造作にバッグやポケットに入れずに数珠袋を使用すること。

✓

葬儀当日

該当する人

喪主・遺族

火葬を執り行いましょう

日本では99％の人が火葬されています。骨壺の大きさは地域によって異なり、全部の遺骨を納めるのと、引き取りはごく一部という地域による違いがあります。

●火葬場での動き

火葬場到着

↓

炉前法要

↓

火葬

↓

休憩

↓

収骨

↓

死体(胎)埋火葬許可証 (火葬済証明付き)の受け取り

火葬場でやるべきこと

　火葬場で最初に行うことは死体（胎）埋火葬許可証の提出です。葬儀社が遺族に代わって持参するケースも多いようです。

　火葬炉前では、基本的に職員の指示に従います。炉前法要、焼香や献花をする時間や、棺の小窓を開けてお別れができる場合もあります。火葬時間は早いところで40分ほど、長いところで2時間ほどかかります。その間休憩室で食事をとることもあります。

　火葬が終わると、再度火葬炉へ向かい遺族による遺骨の確認後、収骨します。2人1組で「箸渡し」という作法で遺骨を拾い上げるため拾骨と書くこともあります。

　なお、火葬前に提出した死体（胎）埋火葬許可証は、「火葬済」の証明印を押したものが返却されます。「埋葬許可証に変わります」と説明されることもありますが、「埋葬」は法律では「土葬」を意味しますので、正確な説明ではありません。正しくは「埋火葬許可証」になります。納骨時に必要な大切書類ですから、火葬場職員が骨壺に入れて渡してくれるところが多いようです。

●収骨遺骨の量と骨壺の大きさ

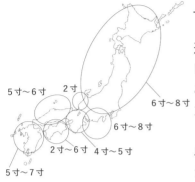

5寸～6寸　2寸
6寸～8寸
6寸～8寸
2寸～6寸　4寸～5寸
5寸～7寸

地域によって違う骨壺のサイズ

　日本では地域によって骨壺のサイズに違いがあります。大まかに分けると、東日本以北は遺骨をすべて収骨する慣習があり6寸～8寸、関西は喉仏を中心とした部分収骨となり3～5寸となります。

　同じ四国でも徳島は2寸か3寸で部分収骨、高知は6寸以上の全骨収骨の慣習があります。

●収骨遺骨の量と骨壺の大きさ

東日本以北

西日本が多い

分骨・手元供養用

	2寸	3寸	4寸	5寸	6寸	7寸	8寸
高さ(cm)	7.4	11.0	14.0	17.5	20.5	25.5	28.5
直径(cm)	6.5	9.5	12.5	15.5	18.0	22.0	25.5

用語解説 ・・・

箸渡し

「箸」と「橋」をかけて、この世からあの世へ三途の川を無事に渡れるようにという願いを込めて行われる拾骨の作法。

✓

火葬直後

還骨、初七日法要を執り行いましょう

該当する人

| 喪主・遺族 |

火葬が終わった後は、初七日法要と会食を行います。最近では初七日法要を葬儀・告別式と一緒にするなど様々なケースが見られるようになりました。

●火葬後の流れ

| 火葬終了 |

↓

| 葬儀式場 |

↓

| 還骨・初七日法要 |

↓

| 会食（精進落とし） |

↓

| 帰宅 |

遺骨法要と初七日法要の動き

火葬が終わり、「還って」きた遺骨を手向ける法要のことを「還骨法要」といいます。

最近では「還骨法要（かんこつほうよう）」と「初七日法要」を一緒に行うケースがほとんどですが、火葬後ではなく、葬儀・告別式の式中に一緒に初七日法要まで行うケースも増えています。中には、四十九日法要も葬儀当日に繰り上げて行う「取越法要（とりこしほうよう）」「繰り上げ四十九日法要」が営まれることもあります。

葬儀後の会食

葬儀後に設ける軽食の席を、関東方面では「精進落とし」といい、地域によっては「精進上げ」「仕上げ」といいます。

昔は没後四十九日までは肉や魚などの生物を断って精進料理で過ごす風習があり、四十九日を超えた忌明け後、改めて肉や魚を使った普通の食事に戻るので、これを「精進落とし」と呼んでいました。浄土真宗では「お斎（とき）」、神道では「直会（なおらい）」といいます。

精進落としでは、遺族の代表（喪主）の挨拶から始まります。その後、杯を掲げますが、そのときの発声は「乾杯」ではなく「献杯」となります。献杯のときにはグラスを高く上げたり、音を立てたりはしません。

また、会食の場所に遺骨を安置する場合は、その前に1人前のお膳を「陰膳<ruby>陰<rt>かけ</rt></ruby><ruby>膳<rt>ぜん</rt></ruby>」としてお供えすることもあります。いったんお供えした後は下げて、皆でいただきましょう。

精進落としの席次例

会食に参加する人は、地域の慣習や遺族の考え方によって異なります。遺族が声掛けをしますが、当日は見込んだ数にならず増減があります。親戚だけの場合もあれば、近隣や町会関係者まで集まることもあります。

通常、喪主や遺族は下座に着席します。ただし和やかに食事を囲むことが目的ですから、その関係性によってはその限りではありません。

後飾り

葬儀後、自宅に戻ったら、忌明けまで使用する自宅飾り（後飾り壇）をセットします。葬儀の際に祭壇にお供えした供花や供物の一部を一緒にお供えすることもあります。後飾りは仏壇がある家なら仏壇の前から横にセットします。ない場合は、人が集まりやすく、お参りしやすいリビングの一角でもよいでしょう。

神式の後飾り　キリスト教式の後飾り

仏式の後飾り

用 語 解 説 ···

後飾り壇

四十九までの間に使用する壇のこと。中陰壇ともいう。三具足（香炉、ろうそく立、花立）、遺骨、位牌、遺影をのせる。

四十九日までにやること

葬儀後

該当する人

喪主・遺族

四十九日までにやるべきことは多々あります。葬儀にかかった請求書をチェックしましょう。挨拶状の作成、挨拶まわり、香典返し、遺品整理などがあります。

●葬儀後の動き

葬儀請求書の確認

↓

葬儀費用の支払い

↓

挨拶まわり

↓

遺品整理

葬儀後の動き

葬儀から2～3日後に葬儀社から請求書が届きます。内容を確認し、見積書と違う点など、不明点があれば問い合わせをしましょう。支払いは、請求書が届いてから1週間以内が目安ですが、中には「死亡保険金が入ってから」というケースもあります。

挨拶をする範囲は、葬儀でお世話になった人のほか、介護施設や病院などにも葬儀を終えた旨を報告し、これまでのお礼を伝えるとよいでしょう。

故人が勤め人の場合は、勤務先に遺族が出向いて挨拶をします。勤務先への訪問は、私物の整理のほか、事務手続きを済ませる目的もあります。必ず対応してくださる人と日時を決めて訪問しましょう。

遺品の整理については、「四十九日を過ぎるまで手をつけない」という慣習もありますが、思わぬ場所から遺言書、有価証券、通帳など相続に関するものが出てくることもありますので、早い段階から着手するほうが賢明です。

遺品整理は「保存」「捨てる」「あげる」の分別をしましょう

　まず、家財、粗大ごみ、貴重品、高級品、思い出の品などを整理分別します。中には高級品や危険物もあり、分別は時間と手間がかかるものです。基本的に手紙、メモ書き、ハンカチ1枚にいたるまですべて目を通します。

　故人の遺品はすべて相続財産になりますので、厳密にいえば、相続の手続きが終わっていなければ勝手に処分することはできませんが、「不用品」と判断されたものについての処分は認められています。

　形見分けとして、家族や親戚、友人で分けることができますが、貴金属や骨とう品、ブランド品など価値のあるものは注意が必要です。財産分与の対象となりますので、トラブルを避ける意味でも、誰にどう分けるか「遺産分割協議書（164ページ参照）」として書面に残しておくほうが安心です。

形見分けのルール

　故人が生前に使っていたものや、思い出の品物を、親戚や友人・知人に分けることを「形見分け」といいます。形見分けをする時期に決まりはありませんが、忌明けを目安に渡せるように準備をしておくとよいでしょう。

包装しない

　包装は不要です。包む場合は半紙や白い布で包む程度に。

まだ使用できるものを贈る

　使い古したものを贈るのは失礼にあたります。

高価なものは贈らない

　相続財産となり贈与税がかかることもあります。

目上の人の贈るときの注意

　贈るべきではないという慣習もあります。贈る際は、無礼を詫びるメッセージを添えるとよいでしょう。

遺品整理業者を利用する方法もあります

　自分たちで遺品整理をすることが困難な場合は、遺品整理業者を利用して
もよいでしょう。業者を選ぶ場合は、運送業や廃棄物に関する許認可を有し
ているかだけではなく、仕分けのルールが定められているかも確認します。

●遺品整理業者によるサービスの流れ

| 遺品整理業者を探す | 葬儀社から紹介、インターネットで検索など |

↓

| 複数社から見積もりをとる | 状況を実際に見てもらい、見積もりをとる |

↓

| 業者の決定・打ち合わせ | 業者の決定。日時と内容の打ち合わせ |

↓

| 遺品の整理・仕分け | 作業日までに整理と仕分けをしておく |

↓

| 遺品業者作業 | 遺品の搬出 |

↓

| 簡易清掃 | 簡単な清掃を行う |

葬儀に関する疑問・質問

通夜や葬儀などの執り行いについて寄せられる質問や疑問を葬儀のコンサルタントが答えます。

Q

納棺と一緒に湯灌をすすめられました。同席してもよいのですか？

A：故人を洗い清める慣習です。

故人をぬるま湯に入れ、洗い清めることを湯灌といいます。

最近の湯灌は、専門の湯灌業者によって行われます。専用の浴槽を実施する場所にセットし、家族・親戚がそろった時点で、皆の前で「湯灌の儀」が行われます。故人の肌を露出することがないように細心の注意を払って行われますが、故人が女性であったり、故人との関係によっては入浴の間だけは席をはずすなどの配慮も必要です。

Q

弔電の順番はどのように決めたらよいでしょうか？

A：故人と交流が深かった人を優先します。

葬儀・告別式では弔電を披露する場がありますが、生前に故人と交流が深かった人から順番に紹介します。弔電の数が多い場合は、全文読み上げを3通程度まで、名前のみを5通程度に絞って紹介することもあります。数名に絞れない場合、また決める時間がない場合は、弔電紹介を省略することもあります。

Q

祭壇に使用した生花を花束にして持ち帰ってもらいたいのですが可能ですか？

A：持ち帰ってもらうことは可能です。

祭壇に使用した生花は、遺族の意向により参列者に持ち帰ってもらうことは可能です。

ただし、葬儀で使われた花につ

いて、「葬儀に使われた花は縁起が悪い」と否定的な意見もある一方で、「長寿で亡くなった方の花は長寿を預かるという意味で縁起物」「仏様にお供えした花は、仏様の功徳をいただける」と持ち帰りたいという人もいます。

生花を配りたい場合は、祭壇撤去の際に花束を作ってもらえるように依頼しておくとよいでしょう。

Q 火葬後の会食（精進落とし）をホテルやレストランで行うことはできますか？

A：ホテルやレストランでも精進落としが可能なところが増えています。

以前は、一般の人が利用する関係上、喪服を着用したままの利用を制限しているところがありましたが、近年は多くのホテル、レストラン、料亭で火葬後の会食を受け付けています。超高齢化社会を反映してか、結婚式会場と同じフロアでもお別れの会や法要などが行われる機会が多くなりました。ただし、こういった施設は線香・焼香の設置や、鳴物（木魚、リンなど）の使用はできない、という

制限を設けているところがほとんどなので、事前に確認しましょう。

Q 目上の人に形見分けをするのは失礼なのでしょうか？

A：「目上の人に贈るのは失礼」と考える人もいますが、最近はこだわらない人が多いようです。

形見分けは、「親から子へ、先輩から後輩へ譲るものなので、目上の人に贈るのは失礼」という人もいますが、最近ではあまりこだわる人はいないようです。ただし目上の人には「ご無礼をお許しください」と一言添えて贈ったほうがよいでしょう。

Q 香典は誰のものになるのでしょうか？

A：祭祀主宰者である喪主が受け取ります。

香典を出す習慣は、「冠婚葬祭はお金がかかるからお互いに助け合いましょう」と相互扶助の考え方から生まれたものです。祭祀主宰

者である喪主が受け取るもので、喪主はその使い道を自分で決めることができます。

　なお、多額の現金が手元に残ったとしても、他の相続人は香典の分割請求をすることができません。

Q 葬儀費用は誰が支払うべきなのでしょうか？

A：一般的には喪主もしくは故人の財産からが多いようです。

　葬儀費用は誰が支払うべきなのかは、法律では決まっていません。一般的には「喪主が負担する」「故人の相続財産でまかなう」のいずれかの考え方が多いようです。中には「相続人全員で均等に負担する」ケースもあります。

　故人の相続財産を利用する場合は、葬儀の収支など、法定相続人（134ページ参照）にあたる親戚には説明できるようにしておきましょう。

　なお、故人の口座が凍結されている場合は、一定額ならば引き出せる仮払いの制度もあります（189ページ参照）

第3章

行政・年金・各種
支払いの手続き

忙しい葬儀の後は、ここで一息つけます。ですが、年金の手続き、健康保険の手続き、公共料金など、故人名義の変更をしなければなりません

本章解説

死後事務手続きの流れ

身近な人が
亡くなった

葬儀が終わった後は年金や健康保険など、様々な事務手続き行う必要があります。本章では、死後事務手続きについて、順を追って解説していきます。

●各種手続きの流れ

死亡届の提出

↓

戸籍に死亡記載が反映

↓

戸籍謄本・印鑑登録証明書・住民票などの取得

↓

勤め先の手続き

↓

年金の手続き
健康保険などの手続き

↓

その他民間手続き

戸籍謄本、印鑑登録証明書、住民票を取得しましょう

遺族年金や相続手続き、死後事務手続きなどを進める上で戸籍謄本、印鑑登録証明書、住民票などの取得・提出が必要になります。なお、提出する戸籍謄本には故人の死亡記載が反映されていなければなりません。

➡戸籍謄本については82ページへ
➡印鑑登録証明書・住民票については86ページへ

勤め先に対して必要な手続きをしましょう

故人が在職中だった場合、その勤務先への連絡と各種手続きをする必要があります。また、手続きをすることで受け取れる給付金もあります。

➡勤め先に対しての手続きについては88ページへ

年金、健康保険、介護保険の喪失手続きをしましょう

年金の手続きは、年金を受給していた方が亡くなった際に必ず必要となる手続きです。同様に健康保険や介護保険なども、必ず行われなければな

らない手続きとなります。また、故人の闘病中にかかった高額な医療費は、手続きをすることで一定の金額が還付されます。

➡年金の手続きについては90ページへ

➡健康保険と介護保険の喪失手続きについては96ページへ

➡高額療養費については100ページへ

公共料金や各種民間契約の手続きをしましょう

　故人の契約していた公共料金（電気・ガス・水道など）やクレジットカード、さらには団体信用生命保険（団信）に加入していた場合の手続きなど、民間の契約に関する各種の手続きを行う必要があります。

➡公共料金やクレジットカードなどの変更手続きについては103ページへ

➡団信に入っている人の手続きについては105ページへ

葬祭費・埋葬料の手続きをしましょう

　葬儀や埋葬を行った方は、申請することで葬祭費や埋葬料などの給付金を受給できます。

➡葬祭費・埋葬料の手続きについては107ページへ

戸籍謄本を取得しましょう

相続手続きや死後事務手続きなど、亡くなった人に関する手続きを行う上で必要となるのが戸籍謄本です。

※ここでの戸籍謄本は「戸籍全部事項証明書」を指します。

●戸籍謄本の取り方

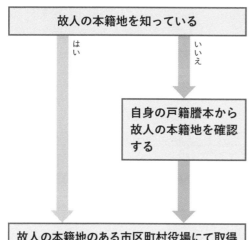

故人の本籍地を知っている

はい　　　　　　　　　いいえ

自身の戸籍謄本から
故人の本籍地を確認
する

故人の本籍地のある市区町村役場にて取得
する　※必要な書類は右記参照

・戸籍証明等請求書（窓口で取得、もしくは各役場のサイトで取得可能）
・運転免許証、マイナンバーカードなど顔写真付きの本人確認書類
※郵送で取得する場合は、郵送用の戸籍証明等請求書（各役場のサイトで取得可能）と住所が記載されている本人確認書類の写し、返信用封筒と切手も同封する。

代理の場合
戸籍に記載のある人による委任状の添付

戸籍謄本が必要となる場面

戸籍謄本が必要となる場面を分類すると次の4つとなります。

① 死後事務

例えば、保険証の返却や年金の手続きなど、死後の事務手続きで戸籍が必要

な場合があります。また、国民年金や厚生年金の手続きをする際に、自治体によっては戸籍謄本など必要な証明書の手数料が免除となる場合があります。

② 相続人の調査

亡くなった方の出生から死亡までの一連の戸籍を収集する過程で、例えば「亡くなった人が独身時代に認知した子」なども戸籍に載ります。その把握のために戸籍を集めていきます。

③ 相続財産の名義変更

被相続人の口座を解約する場合や、不動産の名義変更を行う際に自らが相続人であると証明するための資料として戸籍謄本が必要となります。

④ 相続税の申告

法定相続人の人数で控除額が変わる相続税の申告書提出の際に、その課税額の計算の根拠となる資料として戸籍謄本が必要となります。

　上記②から④の相続手続きにおいては、故人の戸籍謄本のほか、故人の出生から死亡までの一連の戸籍と相続人全員の戸籍謄本が必要となります。
　詳しくは、144ページをご確認ください。

故人の戸籍謄本の取得

　故人の戸籍謄本を本籍地に請求する際には、手数料がかかります。手数料は戸籍の種類によって異なり、戸籍謄本（現在戸籍）は一通450円、除籍、改製原戸籍は一通750円、戸籍の附票は300円となります。
　戸籍の種類については、85ページにて解説します。

●故人の戸籍謄本を請求できる人と請求方法

　故人の戸籍謄本が請求できる人（請求権者）は、原則法定相続人や故人の直系尊属（父、母、祖父、祖母）及び直系卑属（子、孫）に限られますが、請求権者から委任を受けた方もその代理で請求することができます。

①法定相続人、もしくは直系尊属や直径卑属に該当する人が請求する場合

請求権者本人の確認書類（運転免許証、マイナンバーカードなど）を申請書に添付するほか、故人との関係が分かる戸籍を添付することで請求が可能です。

②委任を受けた人が請求する場合

　委任を受けて請求する人の本人確認書類と、委任をした人が書いた委任状、それと請求権者と故人の関係がわかる戸籍を添付することで請求が可能です。委任状は市区町村役場のHPから取得できます。

自分の戸籍謄本を請求する方法

　自分の戸籍を請求する場合は、窓口で配布されている申請書（戸籍証明等請求書）に本人確認書類（運転免許証やパスポートなど）を添付するだけで請求が可能です。

【郵送請求をする場合】

　郵送請求の申請（市区町村役場のHPからダウンロードできることが多いです）、請求者本人の運転免許証などの本人確認書類のコピー、定額小為替証書（50〜1000円の12種類あり、1通につき200円の手数料がかかります）、返信用封筒を送付することで請求できます。郵送請求をする前に市区町村役場へあらかじめ問い合わせておくといいでしょう。

　なお、郵送請求は故人の戸籍謄本でも利用できます。

【コンビニで請求する場合】

　マイナンバーカードを取得しており、本籍地のある市区町村の役場がコンビニ交付に対応した上で、利用登録申請が済んでいる場合、コンビニでも戸籍を取得することができます（225ページ参照）。

戸籍の種類

戸籍には戸籍謄本と戸籍抄本があり、必要な情報が記載されていれば戸籍抄本でも問題はありませんが、相続手続きなどにおいて、基本的には戸籍謄本（現在戸籍）を収集することが一般的です。以下戸籍謄本と戸籍抄本について説明します。

戸籍謄本	戸籍内の情報を全て写したものをいい、謄本には戸籍内に記載されている全員の情報が写されている。**戸籍全部事項証明書**ともいう。
戸籍抄本	戸籍の一部のみ写したものをいい、必要な情報だけ取得する場合、抄本を請求する。**戸籍個人事項証明書**ともいう。

故人（被相続人）の出生から死亡までの一連の戸籍を取得する過程で改製原戸籍、除籍（ともに謄本）を取得することになります。以下、戸籍の種類について説明します。

現在戸籍	現在の情報が載った戸籍のこと。
改製原戸籍	戸籍法が改正されて新しい様式になる前の戸籍を指す。
除籍	結婚や死亡、転籍などによって全員が戸籍から抜けた戸籍。
戸籍の附票	新たに戸籍が編纂されたとき、以降の住民票の移り変わりを記録したもの。

ポイント

被相続人の戸籍収集の難しさ

相続で被相続人の出生から死亡まで一連の戸籍を収集するにあたり、戸籍は複数回転籍していることが普通です。被相続人が何度も転籍をしている場合には、過去に本籍地があったすべての各自治体へ戸籍の請求をする必要があります。請求先が遠方の場合、郵送にて請求するため、戸籍の収集には相当な時間と労力がかかります。

印鑑登録証明書と住民票を
取得しましょう

年金の手続きの際には住民票が、金融機関での手続きや相続税の申告などの際には印鑑登録証明書が必要になります。

●印鑑登録の手続き
（本人が行う場合）

どこに問い合わせる？

住民登録をしている市区町村役場で行う

必要な書類など

・登録する印鑑
・顔写真付きの本人確認書類

即日印鑑登録証明書が交付される

●印鑑登録証明書の取得方法
（本人が行う場合）

住民登録をしている市区町村役場の戸籍課窓口へ行く

必要な書類

・交付申請書(市区町村役場で取得)
・印鑑登録証もしくはマイナンバーカード(本人のみ)

印鑑登録証明書の取得のために
印鑑登録を済ませましょう

　印鑑登録証明書の取得には、まず印鑑登録を済ませておく必要があります。住民登録をしている市区町村役場に赴いて登録を行いましょう。

　市区町村役場に登録する印鑑と本人確認書類を持参しての手続きで、即日登録することができます。郵送でも行えますが、その場合は数日かかるので注意しましょう。

　登録できる印鑑は、8ミリ〜25ミリ以内の正方形に収まるもので、ゴム印のように変形することがなく、輪郭が欠けていないなどの要件があります。

　登録が完了すると印鑑登録証（印鑑カード）が交付されるので、その後は印鑑登録証明書の取得が可能になります。

　なお、登録ができるのは15歳以上の方となります。また、意思能力を有していない方は、印鑑登録ができません。

印鑑登録証明書を取得しましょう

　印鑑登録証明書の取得は、市区町村役場の戸籍課窓口にて交付申請書を記入して行います。その際は、印鑑登録証（印鑑カード）もしくは、マイナンバーカード（個人番号カード）のいずれかが必要で、発行にかかる手数料は300円です。

　また、代理人による取得は印鑑カードを用いて行うことができますが、マイナンバーカードは利用者証明用電子証明書の暗証番号（4桁）の入力が必要となるので本人が直接赴く必要があります。

　なお、マイナンバーカードの場合、コンビニでの取得（225ページ参照）や、オンライン取得に対応したスマートフォン、パソコンによる取得も可能です。

住民票を取得しましょう

　住民票は、住民基本台帳法（第5条等）に基づき市町村ごとに作成され、市町村における住民の現在の居住関係（現住所）を公証する書類です。

　住民票の取得には、住んでいる住所地を管轄する市区町村役場で手続きを行います。住民票は、本人又は同一世帯の方が請求することができ、それ以外の方が請求する場合は、委任状が必要です。住民票の発行にかかる手数料は300円です。

　なお、住民票もマイナンバーカードによるコンビニでの取得が可能です。

●住民票の取得方法 （本人が行う場合）

どこに問い合わせる？

住民登録をしている市区町村役場へ

必要な書類など

右の項目を参照

住民票の請求に必要なもの

　次のものから1点（顔写真付きのもの）

　運転免許証、マイナンバーカード、住民基本台帳カード、身体障がい者手帳、在留カード、その他官公署が発行した免許証。

　次の場合は2点必要です。

　健康保険証、年金手帳、介護保険証など（上記が1点含まれていれば預金通帳、社員証、学生証も可）。

勤め先への手続きを
行いましょう

在職中に亡くなったとき、故人の職場に対して遺族が退職の手続きをしなければなりません。

すみやかに勤務先へ連絡しましょう

従業員が在職中に亡くなった場合、事業主は、雇用保険被保険者資格喪失届や健康保険・厚生年金被保険者資格喪失届などの手続きを行います。それらの手続きには期限（5日）があるため、すみやかに勤務先へ連絡をしましょう。

死亡退職の手続き、
貸与物の返却をしましょう

葬儀が終わり少し落ち着いたら、務先へ挨拶に出向き、死亡退職届の提出などを行いましょう。その際、社章や社員証、IDカード、制服などの貸与物を返却し、故人の私物があれば持ち帰ります。

死亡退職届は、遺族が記入し勤務先へ提出します。死亡退職届の書式などについては会社によって異なりますので、事前に勤務先へ確認しましょう。

また、故人の健康保険証と扶養されていた家族の健康保険証を勤務先へと返却する必要がありますが、加入していた組合へ直接返却する場合もありますので、そちらについて事前に勤務先へ確認しておきましょう。

未払いの給与の確認をしましょう

故人に未払いの給与があれば受け取ることができます。

ただし、支給日が故人の死亡日の前か後かによって、その扱いは変わります。

●勤め先の確認の流れ

どこに問い合わせる？	→	必要な書類
会社に連絡する		死亡退職届（会社によって異なるので勤務先に確認）

確認すべきこと

貸与物の返却
私物の回収
未払い給与の確認
死亡退職金と死亡弔慰金の確認
（あった場合は手続きを行う）

●死亡日によって給与の扱いは変わる

死亡時までに支給日が到来していた場合	故人の給与所得になる。死亡時には未払いであったとしても、源泉所得税を控除し、年末調整を行う必要がある
死亡時までに支給日が到来していない場合	相続財産となる。死亡した人の給与所得とはならず、源泉徴収の必要はない

死亡退職金と死亡弔慰金の確認をしましょう

死亡退職金とは、故人に本来支給されるはずであった退職金を、遺族などが受け取るお金のことです。

受取人になれるのは基本的には配偶者や子などの法定相続人です。

死亡退職金の支給制度は、勤務していた企業に死亡退職金制度がある場合に支払われるものであり、支給される金額も支給に必要となる書類も企業の規定によって様々です。勤務先へ確認をしましょう。

死亡弔慰金とは、従業員が亡くなった際、遺族に対し会社が支給する金銭をいいます。弔慰金は義務ではないため、会社ごとに弔慰金の支給条件や金額は異なりますし、導入していない会社もあります。

そのため、支給される金額も支給に必要となる書類も企業の規定によって様々です。死亡退職金同様、勤務先へ支給について問い合わせましょう。

 ポイント

死亡退職金と死亡弔慰金の違いとみなし相続財産

死亡退職金と死亡弔慰金はそもそもの支給する意味が異なり、その後の相続の際の扱いも変わります。死亡退職金と死亡弔慰金も相続財産ではないので遺産分割の対象にはなりませんが、みなし相続財産として、非課税限度額を超えた場合、相続税の対象となるので注意が必要です。

	死亡退職金	死亡弔慰金
支給金の意味合い	遺族の生活保障	個人の功労に対するお金
相続税非課税限度額	500万円×法定相続人の数	非課税限度額（※1）を超えるまでは非課税

※1 死亡弔慰金の非課税限度額については、以下の通り
業務内での死亡:死亡当時の普通給与の3年分に相当する額
業務外での死亡:死亡当時の普通給与の半年分に相当する額

用語解説

みなし相続財産

相続もしくは遺贈（遺言書による贈与）による財産ではなく、故人（被相続人）の死亡をきっかけとして、指定された受取人が受け取る財産のことをいう。みなし相続財産である死亡退職金と死亡弔慰金は、相続放棄をしていても受け取ることができ、それぞれ非課税枠があり、遺産分割協議の対象外となる。

10日以内

該当する人

遺族

年金の手続きをしましょう

年金は複雑な取り決めが多く、混乱しやすい手続きのひとつです。手続きの不備により、年金の受け取りができない事態にならないよう注意が必要です。

●年金の手続きの流れ

年金受給者の死亡

↓

どこに問い合わせる？
日本年金機構へ連絡する

↓

年金受取口座の凍結

↓

必要な書類など
・年金受給権者死亡届
・未支給年金請求書
・故人の年金証書
※遺族年金の請求もある場合は追加の書類が必要

↓

未支給年金の請求 ※遺族年金がある場合
書類を提出する

→

遺族年金の請求
遺族年金の確認　92ページ

↓

請求者への口座の振り込み

年金の支給停止から未払い年金の請求まで

　年金を受給されていた方が亡くなった際は、死後10日以内（国民年金の場合は14日）までに日本年金機構に連絡をし、年金の支給を停止する旨を伝えましょう。その際に、故人の氏名、生年月日、死亡日、年金番号などを伝える必要があります。年金証書などを準備しておくとスムーズです。

　連絡をする前に、個人が年金を受け取っていた口座を凍結しましょう。口座が凍結されていないと、故人の口座へ入金された場合、不正受給と捉えられます。その際は返還請求の連絡が来ますので振り込まれた年金には手を付けず、返金作業に応じましょう。

未支給年金の請求を行いましょう

　連絡後は、「年金受給権者死亡届」と「未支給年金請求書」の提出が必要になります。年金事務所や年金相談センターの窓口、もしくは日本年金機構のサイトで書類をダウンロードすることができる。

　その他、故人の年金証書をはじめ、届け出に応じた書類を提出します。提出書類についての詳細は右欄の「日本年金機構」で確認してください。

亡くなる月まで支給されていた年金は、本来、故人が受け取るべきだった年金（老齢年金や障碍者年金など）です。遺族の方が「未支給年金」の手続きをすることで、遺族が代わりにその年金を受け取ることができます。

未支給年金を受け取れる遺族は、死亡した方と生計を同じく（生計同一）していた配偶者、子、父母、孫、祖父母、兄弟姉妹、その他の三親等内の親族です。

請求の手続きが無事終わると、4ヶ月程で指定の口座へ未支給年金が振り込まれます。

 ポイント

年金の支給月と未支給年金の適用

年金は年6回、偶数月の15日に前2ヶ月分が支給されます。また、月の途中に亡くなった場合、日割ではなく亡くなった月の分が支払われます。そのため、例えば5月3日に逝去した場合、4・5月分の年金受給権が発生します。

（例）：5月3日に逝去➡4月分・5月分の年金が未支給年金となる。

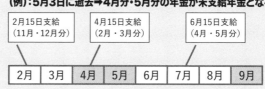

 ポイント

日本年金機構

https://www.nenkin.go.jp/

ねんきん加入者ダイヤル

電話：0570-05-1165

年金を受けている方が亡くなったとき（参考）

https://www.nenkin.go.jp/service/jukyu/tetsuduki/kyotsu/jukyu/20140731-01.html

 ポイント

生計同一とは

基本的には、生計同一とは同居していたことを指しますが、別居していた場合でも、病院への付き添いや継続的な援助があれば、生計同一と認められます。この場合、「生計同一関係に関する申立書」で第三者による証明をしてもらい、年金事務所へ提出する必要があります。

遺族年金を請求する

　遺族年金を受け取れる遺族は、故人によって生計を維持されていた配偶者・子・父母・孫・祖父母になります。加入していた年金の種類によって条件が異なるので、条件を満たす場合は未支給年金と併せて請求しましょう。

　以下の表は、主な遺族年金の受給資格と支給対象の一覧です。

　遺族年金など、年金は種類が多いため、把握がしづらいことがあります。年金自体の手続きを含め、社会保険労務士などに依頼することで、申請漏れをなくすことができるでしょう。

●遺族年金の種類[1]

		支給対象	支給額
国民年金	遺族基礎年金	子(18歳以下)のいる配偶者・もしくは子(18歳以下)。	79万5,000円＋子の加算額[2]（1人目、2人目　各22万8,700円・3人目以降　各7万6,200円）
	寡婦年金	夫の死亡時点で、生計維持されていた65歳未満の妻で10年以上婚姻期間がある者。60歳から65歳までの間支給される。	故人の老齢基礎年金額の額×4分の3
	死亡一時金	死亡時点で、故人によって生計を維持されていた配偶者・子・父母・祖父母・兄弟姉妹。	国民年金保険料を納めた月数によって変わる。額としては12万〜32万円。
厚生年金	遺族厚生年金	死亡時点で、故人によって生計を維持されていた配偶者・子・父母・祖父母（×兄弟姉妹）。	故人の老齢厚生年金（報酬比例部分）の額×4分の3

※1　2024年1月時点の情報に基づく
※2　昭和31年4月2日以降の生まれの場合。以前の場合、基礎額が79万2,600円になる

●遺族年金の申請方法

遺族基礎年金を請求する → 必要な書類 右記参照 → 市区町村役場へ提出する

遺族厚生年金と遺族基礎年金を請求する → 必要な書類 右記参照 → 年金事務所へ提出する

・年金請求書
　（国民年金遺族基礎年金および国民年金・厚生年金保険遺族給付）
　※年金事務所や年金相談センターの窓口で配布、
　　もしくは日本年金機構のサイトでダウンロード
・年金手帳（基礎年金番号が分かるもの）
・被相続人の死亡の記載がある戸籍謄本
・被相続人との関係を示す戸籍謄本
・世帯全員の住民票の写し
・死亡者の住民票の除票
・請求書の収入が確認できる書類
　（所得証明書、課税（非課税）証明書、源泉徴収票など）
　　※マイナンバー登録で添付省略可
・子の収入が確認できる書類（遺族基礎年金請求の場合のみ必要）
　　※マイナンバー登録で添付省略可
・死亡診断書の写し
・受け取り先金融機関の通帳など

ポイント

住民票の除票

　住民の死亡や転出によって住民登録が削除された住民票のことです。相続人などの利害関係者が本人確認書類と死亡者との関係がわかる戸籍謄本（ただし同じ地域に戸籍がある場合は不要）を持って市区町村役場にて取得します。

寡婦年金を請求しましょう

　亡くなった夫が年金を納めていても遺族基礎年金の受給資格がない妻に対して、遺族が受け取れる年金制度として「寡婦年金」があります。

　寡婦年金とは、夫の死亡当時、生計を維持されていた65歳未満の妻で10年以上婚姻期間がある方が対象となります。支給されるのは、60歳から65歳までです。支給される額は、故人の老齢基礎年金額×4分の3となります。

●寡婦年金の手続きの流れ

どこに問い合わせる？
市区町村役場に連絡

↓

必要な書類
右記参照

・年金請求書（市区町村役場で配布、もしくはまたは日本年金機構のサイトからダウンロード）
・故人と請求者の基礎年金番号通知書または年金手帳
・戸籍謄本
・請求者の金融機関の通帳
・年金証書（年金を受けているとき）
・マイナンバーカードなど本人確認書類
・請求者を含む世帯全員の住民票（マイナンバー登録で省略可）
・請求者の収入が確認できる書類（マイナンバー登録で省略可）

※個々の状況により書類が必要になる場合があるので問い合わせ先に確認を行うのがよい

ポイント

寡婦年金の受給要件は次のようになります。

・亡くなった夫との婚姻期間が10年以上継続していた（内縁関係を含む）
・亡くなった夫により生計を維持されていた
・亡くなった夫が、老齢基礎年金や障害基礎年金などの年金を受給したことがない
・亡くなった夫が、死亡する前月までに第1号被保険者及び任意加入者として、保険料納付済期間と保険料免除期間を合算して、10年以上ある
・65歳未満の寡婦である

●「寡婦年金が支給開始されるとき」は次のタイミングで変わる

60歳未満で受給権を取得	60歳に達した日が属する月の翌月から支給
60歳以上で受給権を取得	夫の死亡日が属する月の翌月から支給

☞ ポイント

寡婦年金の受給資格の喪失

　以下の事由が生じたときが該当します。

・65歳に達したとき
・死亡したとき
・婚姻（内縁を含む）をしたとき
・直系血族・直系姻族以外の者の養子になったとき
・繰上げ支給の老齢基礎年金の受給権を取得したとき
　また、寡婦年金が請求できるのは夫が死亡してから5年以内です。早めに手続きをしましょう。

●死亡一時金の手続きの流れ

どこに問い合わせる？
市区町村役場に連絡

必要な書類

・国民年金死亡一時金請求書（市区町村役場もしくは、年金事務所、年金相談センターにて配布）
・故人の基礎年金番号通知書または年金手帳
・戸籍謄本
・請求者の金融機関の通帳
・マイナンバーカードなど本人確認書類
・請求者を含む世帯全員の住民票（マイナンバー登録で省略可）
・請求者の収入が確認できる書類（マイナンバー登録で省略可）
※個々の状況により書類が必要になる場合があるので問い合わせ先に確認を行うのがよい

死亡一時金を請求しましょう

　死亡一時金は、故人が第1号被保険者として保険料を36ヶ月以上納めていた場合に遺族に支給される一時金です。

　その対象は、死亡当時、故人によって生計を維持されていた配偶者・子・父母・祖父母・兄弟姉妹となります。被保険者が老齢基礎年金と障害基礎年金のいずれも受給しないで死亡したとき、または、遺族が遺族基礎年金を受けられないときにも受給することができます。

　支給額は国民年金保険料を納めた月数によって変わり、12万～32万円となります。

　また、死亡一時金を受ける権利の時効は、被保険者の死亡日の翌日から2年です。忘れずに手続きを行いましょう。

●寡婦年金と死亡一時金の比較

	寡婦年金	死亡一時金
受給要件	夫が第1被保険者として保険料を10年以上納めていたが、年金を受け取る前に亡くなった場合	第1被保険者として保険料を3年（36ヶ月）以上納めていた人が年金を受け取らず亡くなった場合
受給対象	夫に生計を維持されいていた妻（10年以上の婚姻関係）	故人によって生計を維持されていた配偶者・子・父母・祖父母・兄弟姉妹
受給期間	60〜65歳の間	一時金として一度
受給額	老齢基礎年金額の4分の3	12〜32万円（保険料の納めた月数による）
受給手続きの期限	亡くなってから5年以内	亡くなってから2年以内

ポイント

寡婦年金と死亡一時金両方の受給条件を満たしている場合

寡婦年金と死亡一時金の両方の受給条件を満たしていた場合、両方受給することはできず、いずれか一方を選択することになります。

●条件を満たしていてもいずれかひとつ

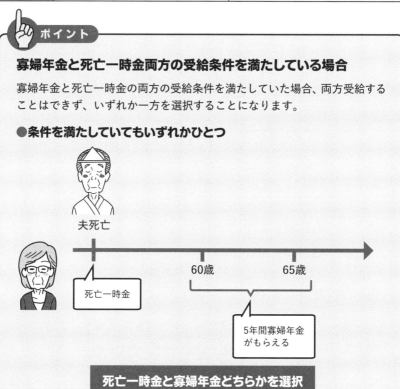

夫死亡

死亡一時金

60歳　　65歳

5年間寡婦年金がもらえる

死亡一時金と寡婦年金どちらかを選択

14日以内

該当する人

遺族

健康保険と介護保険の喪失手続きをしましょう

健康保険は、加入先によって手続きや書類の提出方法が異なります。いずれの場合も資格喪失届が必要です。介護保険の喪失手続きとあわせて解説します。

健康保険の種類

　会社員であれば「健康保険」、個人事業主や主婦であれば「国民健康保険」、公務員は「共済組合」など、健康保険にはいくつかの種類があります。どの保険でも、故人が被保険者としての資格を喪失するのは同じです。そのため、手続きの必要があります。

　なお、組合健保は専用の申告書の提出が必要なケースがあるなど、健康保険によって喪失の手続きに違いがあります。不足がないよう、詳細は加入先に確認したほうがよいでしょう。

●遺族年金の種類

		加入者	最初の連絡先	連絡時期	運営者
被用者保険	組合健保	中規模から大企業の会社員	会社に確認	なるべく早く	各会社
	協会けんぽ	主に中小企業の会社社員	会社に確認	なるべく早く	独立行政法人
	共済	公務員・教員	自身が所属する団体・学校に確認	なるべく早く	各組合
国民健康保険		上記以外	市区町村役場	14日以内	市区町村役場
後期高齢者医療制度		75歳以上の後期高齢者	市区町村役場※1	14日以内	後期高齢者医療広域連合（都道府県単位）

※1　国民健康保険に準ずる

●国民健康保険の資格喪失の手続き

どこに連絡する？
市区町村役場へ連絡する

必要な書類
・被保険者証 ・高齢受給者証（故人が70歳〜74歳の場合） ・死亡診断書のコピーなど、死亡を証明できるもの ・世帯主の認印 ・窓口に来る方の本人確認書類　マイナンバーカードなど顔写真がわかるもの

保険証を返却する

国民健康保険の資格喪失の手続きをしましょう

　故人が国民健康保険に加入していた場合、故人が居住していた市区町村の役場に連絡して、資格喪失の手続きと、保険証の返却をする必要があります。国民健康保険の場合は、死亡届の提出先でもあるため、提出の際に喪失手続きを同時に行ってくれる自治体もあります。なお、手続きの際、後述する葬祭費の申し込み（107ページ参照）も可能です。

　また、同居する家族がいる場合で世帯主が亡くなった際には、新しい世帯主の国民健康保険に切り替える必要があります。その場合は同居する家族全員の保険証も返却する必要があるので注意しましょう。

後期高齢者医療制度の場合

　後期高齢者医療制度の場合も保険証以外は国民健康保険の流れに準じます。

 ポイント

喪失届が不要な市区町村もある

　市区町村によっては、死亡届さえ提出していれば、資格喪失届の提出が不要な場合もあります。

　また、保険証は各自が処分すればよいということで、返却が不要な場合もあります。市区町村役場に確認を取るのがよいでしょう。

介護保険の場合

　故人が65歳以上、あるいは医療保険に加入していて要介護・要支援の認定を受けていた方で、45歳以上65歳未満だった場合、故人の住民票がある市区町村役場に、資格喪失の手続きと介護保険被保険者証の返却を１４日以内に行う必要があります。

　届出人は親族であればどなたでも構いません。

　また、介護保険被保険者証の返却によって、次の対応を行う場合があります。

●介護保険料の未払いと還付

　介護保険は保険料を毎月支払う義務があります。

　介護保険料の支払いは死亡した日の翌日に属する月の前月分となるため、支払う必要のない保険料があった場合は相続人に還付され、未払いの保険料は相続人が納付する必要があります。

例：7月31日の逝去→翌日8月1日の属する月（8月）の前月である7月が支払いになる。

●介護保険料の還付方法

　還付方法は市区町村によって異なり、口座振替で納めていた場合には手続き不要で返金される自治体や、指定銀行の窓口で現金で受け取れる自治体もあります。

　還付対象の場合には「介護保険料過誤納金還付通知書」が届くので、通知内容を必ず確認しましょう。

世帯主の変更手続きについて

　健康保険証の返却と合わせ、亡くなられた方が一家の世帯主だった場合、住民票に新たに記載する世帯主を現在の世帯員（世帯を構成する人）から選び、世帯主変更手続きを健康保険同様14日以内に行う必要があります。

　基本的に世帯主のほかに世帯員が2名以上いる場合に変更手続きが必要となります。

●世帯主変更の手続きの確認

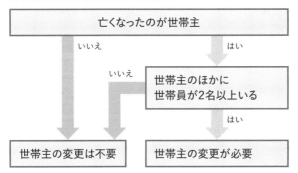

●世帯主変更の手続きの流れ

```
どこに問い合わせる？

市区町村役場に連絡する

　↓

必要な書類

・住民異動届を役場で取得する
・本人確認書類（顔写真付き）

　↓

記入し提出する
```

 ポイント

**配偶者のみの場合は
変更の必要はない**

　仮に世帯主である夫が亡くなり、世帯員が妻のみで子どもがいない場合は世帯主変更の手続きは必要ありません。

　また、15歳未満の子どもは世帯主になることができないので、注意しましょう。

✔ **月の終わり
から
なるべく早く**

該当する人

高額療養費が
ある場合

高額療養費請求の手続きをしましょう

故人の医療費は、高額療養費制度の手続きをすることで一定の金額が還付されます。

● **高額療養費請求の手続きの流れ**

どこに問い合わせる？

保険証を確認、健康保険組合など加入している公的医療保険※

↓

必要な書類

・高額療養費支給申請書（自治体などから届いたもの。市区町村役場や健康保険組合の窓口、郵送、HPからのダウンロードなどでも取得可能）
・医療費の領収書等
・故人との関係がわかる戸籍謄本等
・申請人の身分証明書
・申請者の個人番号がわかる書類（マイナンバーカードなど）
※必要書類について、自治体や健康保険組合によって多少異なる場合があるので、申請前に申請先への確認が必要。

高額療養費制度とは

　高額療養費制度とは、医療機関や薬局の窓口で支払った額を1ヶ月（月の初めから終わりまで）で区切り自己負担限度額を超えた場合に、その超えた金額が支給されるという制度です。

　国民健康保険、後期高齢者医療制度、各種健康保険などの医療保険のいずれかに加入している方が対象となります。自己負担限度額は保険加入者の所得や年齢、状況によって変わります。

　また、対象となるのは、健康保険が適用される医療費のみです。入院中や介護療養型医療施設の入居中にかかる「食費」や「住居費」、自らの希望による「差額ベッド代」や「先進医療にかかる費用」などは対象外です。

☝ **ポイント**

自己負担限度額の確認

高額療養費制度を利用される皆さまへ（厚生労働省）
https://www.mhlw.go.jp/content/000333279.pdf
2018年8月診療分以降（2023年12月時点）

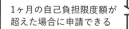

●高額療養費制度のしくみ

1ヶ月の自己負担限度額が超えた場合に申請できる

医療費

医療機関

高額療養費の請求

還付される

国民健康保険や協会けんぽなどの公的医療保険

法定相続人

●支給される金額の算出例

(例)70歳以上で年収370万円～770万円(3割負担)のとき、100万円の医療費がかかった場合。計算式は、左欄ポイント「自己負担限度額の確認」から確認できる

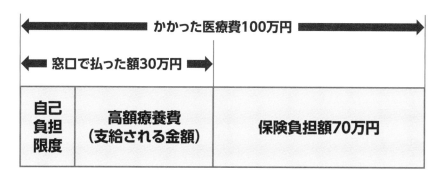

かかった医療費100万円

窓口で払った額30万円

自己負担限度	高額療養費（支給される金額）	保険負担額70万円

自己負担限度額：適用区分8万100円＋（医療費 -26万6,700円）×1％＝8万7,430円

30万円－8万7,430円＝21万2,570円が支給される

故人の高額療養費の払い戻し請求をしましょう

故人の高額療養費の払い戻しがある場合、一般的には医療費を払ってから2〜4ヶ月後に、自治体や健康保険組合などから申請書が届きます。法定相続人、もしくは遺言書で指定された受遺者が必要事項を記入して申請をします。申請先は、故人が加入していた保険によって異なります。

国民健康保険や後期高齢者医療制度	故人が住んでいた市区町村役場
健康保険	加入していた健康保険組合

ポイント

高額療養費の請求権は、診療を受けた月の翌月から2年経過後、時効により請求権が消滅します。

一方、故人の生存中に高額療養費を申請していない場合、時効になる前の高額療養費については、過去に遡って請求できます。

なるべく早く

該当する人

遺族

公共料金やクレジットカードの変更・解約手続きをしましょう

故人が契約していた公共料金（電気・ガス・水道など）やクレジットカードは、名義変更や解約を行います。余計な支払いがないように手続きを進めましょう。

●公共料金の変更・解約手続きの流れ

亡くなった方と同居しているか？

はい ／ いいえ

引き続き同じ住まいに居住する

いいえ

はい

名義変更を行う ／ 解約する

どこに問い合わせる？
契約会社に連絡する

どこに問い合わせる？
契約会社に連絡し解約を伝える

必要な書類
名義変更の依頼書を契約会社から取得する

解約を伝え、未精算料金がある場合、請求書の発行を依頼する

依頼書に必要事項を記入し提出する※

請求書が届き次第、コンビニなどで支払いをする

※口座振替を希望する場合
金融機関に備え付けの「口座振替依頼書」を記入し、提出する。

公共料金の変更・解約手続きをしましょう

故人と同居していた場合

同居しており、故人の口座から料金を支払っている場合、逝去後に亡くなったことを金融機関に伝えるとその口座が凍結されるため、引き落としができなくなってしまいます。引き続き同じ住まいに居住する際は、金融機関への連絡の前に新契約者への名義変更が必要です。そのまま住み続けることがないのであれば、公共料金の解約手続きを行いましょう。

故人が別居（ひとり暮らし）の場合

住む方が誰もいないのであれば、解約しないと無駄に料金を支払い続けることになってしまいます。すみやかに解約手続きを行いましょう。

クレジットカードの解約手続き

　クレジットカードのほとんどは、各クレジットカード会社の規約により、契約者が死亡した際は解約（退会）となることが定められています。

　故人の名義のカードを利用し続けることは契約違反に該当しますので、解約手続きは必ず行いましょう。

　解約の手続きをせずにそのまま放置していると、公共料金の支払いや様々な年会費が請求され続けてしまう可能性もあります。

　後回しにせず、クレジットカード会社に連絡しましょう。

●クレジットカードの
解約手続きの流れ

最初に何をする？

利用明細書を確認する

↓

公共料金・会費・定期契約など
直近支払いを確認する

手続きが必要

クレジットカード会社に連絡する

電話対応できない場合

必要書類を郵送してもらう

↓

未払いがある場合は支払い方
法を確認して支払う

↓

届いた書類に記入して返送

電話のみで
解約できる場合

↓

解約

✔ なるべく早く

団体信用生命保険（団信）の手続きをしましょう

該当する人

故人の
住宅ローンが
残っている

住宅ローンの返済が完了しないまま契約者が死亡しても、団信に加入していればローンを返済する必要はありません。

●団信の手続き

どこに問い合わせる？

融資の申し込み先の
金融機関に連絡する

↓

必要な書類

・申し込み先の金融機関から渡される団信弁済届（死亡用）の原本
・死亡診断書または死体検案書（死亡日が保証開始日から2年経過）の写し
もしくは、
・生命保険会社所定の死亡証明書（死亡日が保証開始日から2年以内）の原本
※状況に応じてその他の書類が必要となる場合もある

↓

書類を金融機関に提出する
※承認されれば1〜2ヶ月後にローン完済

↓

抵当権を抹消
したいとき

不動産の名義変更

↓

抵当権を抹消する

・登記申請書（法務局より取得）
・金融機関の完済を証明する書類一式が必要なので取得する

不動産の名義変更190ページ参照

団体信用生命保険（団信）とは

団体信用生命保険（団信）は、返済中、契約者に死亡や生活に影響を与える重度のケガや病気（高度障害）など万一のことがあった場合、ローンの借り入れ残高をゼロにすることでそのまま住居を取得維持できる保険です。

団信に加入していれば、ローンの残額は団信の死亡保険金で返済されます。そのため、不動産を相続する相続人はローンの返済を引き継ぐことなく住宅に住み続けることができます。

団信に加入しているかについて不明の場合は、住宅ローンを組んだ金融機関に連絡をし、確認をしましょう。

団信の手続き

住宅ローン契約者が返済完了前に死亡した場合、まずは融資の申し込みをした金融機関などに連絡し、債務弁済（保険金請求）の手続きが必要です。必要書類を金融機関などへ提出し、それをもとに生命保険会社が支払い可否の審査を行います。

住宅ローン完済後に必要な抵当権抹消登記をしましょう

住宅ローンを契約する際、担保として対象の不動産に抵当権を設定します。この抵当権は住宅ローンの完済と共に自動的に抹消されるものではなく、相続人自身で手続きを行わなければなりません。

抵当権抹消の手続きを終えていない不動産は売却したくても買い手がつかないため、売却の意思があるならば早めに手続きを行うことをおすすめします。

手続きのタイミングとしては、不動産の相続登記の際に抵当権抹消登記も一緒に申請するとよいでしょう。

団信に加入していると住宅ローンは相続時の債務にならない

住宅ローンの契約者の死亡によって団信から支払われる保険金は、融資した金融機関が受け取ることになります。これにより相続人はローンを返済する必要が無くなるため、相続税申告の際には住宅ローンを債務として差し引くことはできません。

ポイント

団信の支払いには時効があります

死亡日（または高度障害の症状固定日）から3年以上経過してしまうと、債務弁済の手続きができなくなる場合もあります。住宅ローンの契約者が死亡した際はローンの支払いもあるため、早急に手続きを行いましょう。

葬祭費・埋葬料の手続きをしましょう

1ヶ月以内を目途に（2年以内）

該当する人
健康保険に加入していた方が亡くなり、その葬儀を行った

葬祭費や埋葬料は亡くなった方が健康保険に加入していた場合、葬儀を行った方（喪主）や埋葬を行った方に支給される給付金です。

●葬祭費の手続きの流れ

葬儀を行った後
領収書はこの時点で取得

↓

故人の健康保険証などを用意する
・故人の国民健康保険証または後期高齢者医療保険証
・葬儀の領収書または会葬礼状
・喪主名義の金融機関の口座と印鑑
・窓口に来られる方の本人確認書類（運転免許証など）

↓

市区町村の役場に申請する

↓

葬祭費が振り込まれる（1〜1ヶ月半後）

喪主が受け取れる給付金

葬祭費の給付は、亡くなった方が国民健康保険や後期高齢者医療保険制度に加入していることが条件です。

申請は市区町村の役場の窓口、もしくは郵送により手続きが行えます。

葬祭費の申請期限は、葬儀の翌日から2年ですが、期限が過ぎると受け取れなくなるのでなるべく早く行いましょう。

葬祭費の金額は自治体によって異なりますが、東京23区は一律7万円、そのほかの市町村では3万円〜5万円の給付が受けられます。

ポイント

葬祭費が支給されない場合もある

①埋葬料を受け取った場合
②直葬・火葬のみの場合（自治体による）
③死因が交通事故など、第三者の行為により、第三者が損害賠償として葬祭費を負担する場合

国民健康保険以外での給付金が埋葬料

　埋葬料は、亡くなった方が国民健康保険以外の健康保険に加入していた際に生計を維持されていた方で埋葬を行った方に支給される給付金です。

　埋葬料は、健康保険によって支給額や申請方法が異なりますので、亡くなった方が加入していた保険へ問い合わせましょう。

　埋葬料の金額はどの健康保険組合でも一律5万円ですが、組合独自の付加給付がある場合があります。

☝ ポイント

生計を維持されていた方とは？

　被保険者によって生計の全部又は一部を維持されている方をいいます。親族であるかは問われず、例えば内縁の夫婦でも請求権者となります。また、生計を維持していればよいため、仕送りを元に生活している遠方の家族も請求権者となります。

●埋葬料の手続きの流れ（協会けんぽの例）

用意する書類

・埋葬料支給申請書
　（各組合から配布もしくはサイトからダウンロード）
・故人の健康保険証
・死亡診断書や戸籍謄本など亡くなったことを確認できるいずれかの書類
※戸籍謄本は除籍が確認できるもの

↓

埋葬を行った後

故人の勤務先の健康保険組合へ申請する

↓

申請が受理される
2～3週間で埋葬料が振り込まれる

●葬祭費と埋葬料の違い

	葬祭費	埋葬料
保険の種類	国民健康保険	社会保険
支給金額	3～5万円	一律5万円
請求権者	葬祭を行った方（喪主）	埋葬を行った方（生計を維持されていた方）
申請先	お住まいの市町村役場	故人が加入していた健康保険組合
申請期限	葬儀の日の翌日から2年以内	亡くなった日から2年以内

 こんなときどうする？
各種行政・民間手続きの疑問・質問

各種行政や民間の手続きで寄せられる疑問や質問に答えます。

Q
子どもがいるのですが、児童扶養手当は受け取れますか？

A：受け取れます。

児童扶養手当とは、児童扶養手当法に基づき、ひとり親世帯（父子家庭・母子家庭）の生活と児童の育成を支援することを目的にした給付金です。支給対象には、父または母が死亡した、「18歳到達後、最初の3月31日まで（高校卒業まで）」の子、または「20歳未満かつ政令で定める程度の障害がある」の子を養育している方が含まれます。

ただし、①児童福祉施設（母子生活支援施設等を除く）などに入所、もしくは里親に委託されているとき、②父または母の配偶者（重度の障害がある場合を除く）と生計を同じくしているとき、③父または母に事実上の配偶者がいるとき、④申請者または扶養義務者（同居する親族など）の所得が一定額以上、などは除外されます。支給を受けるには、住所のある市区町村役場への申請を行います。支給が決定されると4月・8月・12月の年3回、指定の金融機関の口座に前月分までの3ヶ月分が支給されます。

また、児童扶養手当の受給が開始すると、一定の期間ごとに現況届を出す必要があります。書類を2回連続で提出しない場合、受給資格を失います。

申請に必要なものは、①請求書②請求者及び児童の戸籍謄本③請求者名義の預金通帳と印鑑④世帯全員の住民票⑤年金手帳⑥請求者のマイナンバー⑦請求者の本人確認書類となりますが、自治体や申請者の状況によって他に必要な書類もあるので、申請前に自治体のホームページや窓口にて確認しましょう。

Q
婚姻関係を解消し、配偶者（故人）の家から離れたいのですが・・・

A:「姻族関係終了届」を本籍地もしくは住居地の市区町村に提出しましょう。

配偶者の死後、義理の父母や義理の兄弟姉妹などの親族との関係を法律的に解消するには、申請者本人の本籍地もしくは住居地の市区町村役場に「姻族関係終了届」を提出します。姻族（配偶者の親戚）の了解は必要ありません。提出に期限の定めはなく、配偶者の死亡後ならいつでも提出できます。

姻族関係終了届が受理されると、姻族関係が終了し、義理の両親の扶養義務がなくなるなどの変化があります。そのため、「死後離婚」とも呼ばれています。

届け出により戸籍の身分事項欄に姻族関係終了と記載されますが、姓と戸籍はそのまま継続され、死亡した配偶者との間に子がいる場合、配偶者の血族との関係も変わりません。

また、配偶者の遺産を相続していても、相続分を返却する必要はなく、遺族年金も受給することができます。

届け出に必要なものは、①姻族関係終了届（市区町村で取得）②戸籍謄本（戸籍全部事項証明書）③届出者の身分証明書です。

なお、終了させた姻族関係を復活させることはできません。

Q
旧姓に戻せますか？

A：戻せます。

本籍地もしくは住居地の市区町村役場に「復氏届」を提出することで、配偶者の名字を名乗っていた人が、配偶者の死亡後、旧姓に戻すことができます。

復氏届を提出すると、配偶者の戸籍から抜けることになりますが、相続人という地位は奪われず、遺産を相続する権利は残ります。また、姻族（配偶者側の血族）との法律上の関係は変わらず、扶養義務も残ります。

復氏届を提出し、配偶者の戸籍から抜ける際、結婚前の戸籍に戻るか、新たな戸籍を作るかを選ぶこととなります。ただし、旧姓に戻したい本人が復氏届を提出しても、子の姓と戸籍までは変わりません。

Q 子どもを自分の戸籍に入籍させたいのですが

A：家庭裁判所から子の氏の変更許可をもらった上で、入籍届を出しましょう。

　子の氏の変更許可を家庭裁判所からもらい、市区町村役場に「入籍届」を提出しましょう。子どもの名字を自分と同じにして、自分の戸籍に入籍させたい場合、裁判所へ「子の氏の変更許可申立書」を提出し、許可を得る必要があります。この申し立ては、子どもが15歳以上の場合は本人が、15歳未満の場合は法定代理人（通常、親が担う）が行います。許可が下りたら、住んでいる市区町村役場へ「入籍届（市区町村で取得）」を提出することで、自分の戸籍へ子どもを入籍させることができます。

Q 故人が契約していた定期購読の新聞は解約できますか？

A：契約内容によって解約はできますが、違約金が発生することもあります。

　新聞の販売店へ連絡をし、契約者が亡くなったことと、自分が相続人であることを伝えましょう。そして、名義変更もしくは解約をする旨を伝えましょう。解約の場合、契約内容によっては、定期購読中の為に違約金を求められたり、期間満了まで解約ができない場合もあります。もっとも、契約期間途中での解約をしようとした際の違約金は、死亡後から連絡までの日数分で請求される場合もあるので、死亡後はすみやかに連絡をしたほうがよいでしょう。

　なお、相続放棄を検討する場合は、名義変更をしてしまうと相続

●姓と戸籍に関する届け出

姻族関係終了届	姻族関係の終了	姓と戸籍は変わらず 子どもに影響せず
復氏届	旧姓に戻る	姻族関係は終了せず 子どもの姓と戸籍は変わらず
子の氏の変更許可申立書	子どもの姓と戸籍の変更	

する意思があるとみなされる恐れがあるため、その場合は名義変更の手続きではなく、解約の手続きをしましょう。

Q 故人の携帯電話はどうすればいいのですか？

A：契約先を確認し、解約、もしくは承継手続きをしましょう。

　携帯電話の支払明細から契約先を確認しましょう。その後、契約者の死亡の連絡と解約か承継のいずれかを選び手続きを進めます。解約する場合、解約日までの利用料が請求されます。また、解約手続きをすると、他の付随契約（インターネットなど）に影響する可能性もあるので、契約内容を確認して判断しましょう。承継手続きを望む場合は、承継できない会社もあるため、事前に携帯会社に確認をとります。

　手続きは基本的に相続人が行います。手続きに必要なものは、①亡くなった事実が分かる書類（除籍謄本、死亡診断書、葬儀案内状など）、②故人の携帯電話のSIMカード、③来店者の本人確認書類です。なお、必要になるものは契約会社により異なる場合もありますので、事前に問い合わせしましょう。

第 **4** 章

法要の
執り行い

四十九日はどうすればいいんだろう…

大丈夫ですよ。四十九日だけでなくお盆や喪中など執り行い方を解説します

法要や納骨までの流れと過ごし方

葬儀は死後数日の営みだけを指してはいません。広義では看取りから納骨、一周忌もしくは三回忌法要までの一連の葬送儀礼のことをいいます。

●葬儀後の法要の流れ

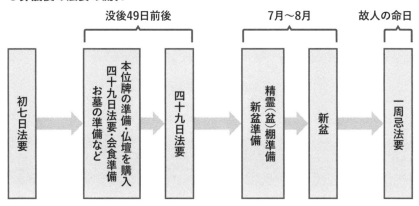

没後49日前後 ／ 7月〜8月 ／ 故人の命日

初七日法要 → 本位牌の準備・仏壇を購入 四十九日法要・会食準備 お墓の準備など → 四十九日法要 → 精霊(盆)棚準備 新盆準備 → 新盆 → 一周忌法要

遺族はグリーフ(悲嘆)を抱えるということ

　大切な人を亡くして体験する悲しみのプロセスをグリーフワーク（悲しみの作業、喪の作業）といいます。ショック状態からはじまり、パニックや怒り、抑うつや混乱状態などを繰り返しながら、死を受け入れていく過程が悲嘆のプロセスです。遺族として悲しみに向き合う方法にマニュアルはありませんが、周囲の人の支えが大きな力になることもあります。

忌と喪をどのように過ごすか

　忌中とは、忌み籠りの期間を表しますが、仏教では次の生を得るまでの「中陰（中有）」期間であり、また日常生活から離れて弔いに専念する期間でもあり

ます。喪中とは、遺族が喪に服する期間のことで、慎みながら日常生活に戻っていくプロセスでもあります。初めて迎えるお盆や法要、納骨などでは、故人と縁のある人たちが集まり、思いを共有できる場でもあります。

➡喪中時の過ごし方は125ページへ

日々の暮らしの中で故人を偲びましょう

　仏壇は、日々の暮らしの中でご先祖や故人と向き合えるアイテムです。

　仏壇には仏像や掛け軸など本尊を安置しますが、同時に故人の位牌をお祀りし、供養をする場でもあります。仏壇は、伝統的な技法を用いた金仏壇、唐木仏壇などがありますが、近年はインテリアに合う小型で家具調の仏壇が主流になっています。四十九日法要までに位牌と一緒に準備しましょう。

➡位牌、仏壇は116ページへ

法要・新盆の迎え方、過ごし方

　葬儀を終えた後でも、追悼の儀式は様々な形で行われます。霊魂を慰める慰霊祭、節目に仏事を営み死者の冥福を祈る追善供養、神や祖先の霊をまつる「魂祭」という行事が風習として伝えられている地域もあります。

　葬儀後の法要は、四十九日法要、百箇日法要、一周忌法要などがありますが、その中でも初めて迎えるお盆（新盆）の法要は丁寧に行われることが一般的です。新しく仏様になった故人が迷わず帰ってくることができるように特別な燈籠を立てたり、ご先祖とは別に精霊棚をお祀りする家庭もあります。

➡法要は119ページ、新盆は123ページ、納骨は121ページ

 ポイント

グリーフワーク

　大切な方を亡くすことは、心に深い傷を負います。遺族が体験するこの悲嘆は、人によっては5年も10年も続きます。日々のお祀りや節目の儀式は悲嘆（グリーフ）に向き合う大切な機会です。

葬儀後

本位牌、仏壇の準備を しましょう

該当する人
法要を執り行う （檀家）

四十九日法要までに本位牌の準備をします。戒名を入れる文字入れの期間も入れて、早めに準備しておきましょう。仏壇がない場合は、仏壇・仏具も一緒に購入します。

●位牌の準備

本位牌の購入

↓

文字入れ※戒名（法名）を入れる

↓

（四十九日法要時）魂入れ

↓

仏壇に安置

●四十九日を目途に 位牌を変える

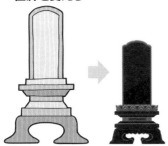

忌明け（四十九日法要）までは、白木位牌　　忌明け後は本位牌

本位牌と仏壇を用意しましょう

葬儀の際にお祀りした白木の位牌を安置するのは四十九日法要まで。それ以降は本位牌を仏壇に安置します。

四十九日法要では、白木位牌から本位牌に魂をうつす儀式が行われますので、それまでに本位牌の準備をしておく必要があります（浄土真宗では位牌を必要としません）。

仏壇がない場合は、位牌と一緒に仏壇・仏具を購入しましょう。あらかじめ仏壇を置く場所を決めてサイズを計っておきます。

近年は仏間のない家が多いのですが、家の隅にではなく、リビングや座敷など人が集まる場所のほうがよいでしょう。仏壇の向きは、東西南北で諸説あります。どの方向でも意味を持たせることができるので、さほど気にすることはありません。直射日光が当たらず、湿気が少なく、冷暖房の風が直接当たらないところがベストです。

仏壇は生活様式に合わせるなど、旧来のものよりデザイン指向にあります。また、位牌と仏壇の仕様は同じでなくてもかまいません。

仏壇での日々のお参り作法

　仏壇には本尊（掛け軸、仏像）と三具足（香炉、ろうそく立、花立）を荘厳（飾りつけ）します。毎朝仏花の水を変え、炊き立てのご飯をお供えし、線香をあげます。

　火気の使用が難しい環境であれば、電気式のろうそくや線香を使用することもできます。仏花は仏壇・仏具のサイズに合わせて、季節の花をお供えします。生花が望ましいのですが、造花で代用し、月忌（毎月の忌日、命日）やお彼岸・お盆のみ生花にする人もいます。ただし、火が近くにあるので耐火性のある素材にしましょう。無理なく続けられる範囲で行うことが大切です。

　仏壇の扉は閉めずに開けておきます。お菓子などをいただいたときは、仏壇にお供えしてからそのお下がりをいただく習慣をつけておくとよいかもしれません。

●仏壇の種類

金仏壇	伝統的工芸手法で作られた仏壇。漆をベースに金箔や金粉を施すなど豪華な造りが特徴。京都、名古屋、金沢、大阪など15か所の産地が伝統的工芸品として指定。 洋間に合う金仏壇もあり。
唐木仏壇	黒檀、紫檀などの変形しにくい木材で造られた仏壇。木目を生かした風合いが特徴。 印刷した木目を貼り合わせて「黒檀調」「紫檀調」と安価で流通していることも。
モダン・家具調仏壇	現代の生活様式に合うタイプの仏壇。インテリアに調和したデザインで、家具メーカー製も増えている。無宗教の場合でも購入する人は多い。

仏壇前で法要を行う際は仏壇をきれいにしましょう

　お盆やお彼岸、祥月命日（故人が亡くなった日）に僧侶を招いて法要を営む際は、仏壇をきれいにしておきましょう。毛ハタキでホコリを払い、汚れは乾拭きします。固く絞ったタオルで水拭きができる材質もありますが、漆や金箔が施されている材質だと剥げてしまうので注意が必要です。線香の燃えカスが香炉内にたまっている場合は、灰をすべて入れ替えるか、網を使って灰をふるっておきます。

　仏具は陶器やガラスは丸洗いできます。金属製であれば専用の磨き剤を使用すると便利です。ただしコーティングの場合は剥げてしまうので注意しましょう。

　法要当日は、花は新しいものにし、ろうそくは普段短ろうそくを使っている場合でも、法要途中で消えないように燃焼時間２０分以上のろうそくを用意しておきましょう。

神道、キリスト教の場合

神道の場合

　お札を納める神棚とは別に、御霊舎（祖霊舎）を用意し、そこに霊璽を納めます。白木製が一般的ですが、家具調風もあります（64ページ参照）。

キリスト教の場合

　仏壇を置かず、花や写真を飾る程度となっています。家庭祭壇を認めている宗派もありますので、詳しくは所属教会にたずねてみましょう。

無宗教・自由葬で行った場合

　宗教色を排した棚を仏壇として購入することもありますが、既存の仏壇をそのまま利用するケースも珍しくありません。

用 語 解 説 ··

仏壇

信仰の対象となる仏像（如来、菩薩など）を安置するための場だったものが、盆棚や正月棚など日本の習俗と融合し、位牌を安置し、先祖をお祀りする象徴となった。

49日目

該当する人

法要を執り行う
（檀家）

法事・法要の準備をしましょう

法要は業者の手を離れ、寺院の手配、会場の手配、進行など自分たちで決めていかなければいけません。葬儀より法要の方が準備に手間も時間もかかります。

●法要の流れ

```
一同着席
   ↓
 読経
   ↓
遺族焼香
   ↓
親戚焼香
   ↓
僧侶の法話
   ↓
（お墓参りと卒塔婆供養）
   ↓
 会食
```

法要当日までに行うこと

　四十九日法要は、親戚が集まりやすい日程を調整します。忌明け当日にできない場合は、前倒しで行ったほうがよいという慣習や、月を3つまたぐと「身に付く」という語呂合わせから避けた方がよいと気にする人もいますので、後ろにずれ込む場合や「三月またぎ」の場合は、関係者に確認のうえ、調整しておくことをおすすめします。

　法要は、自宅や寺院などで行われ、その後の会食は、ホテルやレストラン、料亭に場所を移動するケースや、自宅や寺院に仕出し料理を注文するケースがあります。人数が決まったら、引き物の手配もします。金額の相場は2,000円〜5,000円程度。なお、案内状は家族と親戚だけで行う場合は、省略することもありますが、人数が多い場合は返信用はがきを同封した封書で詳細を送り、出欠席を確認しておきます。

法要の動き

　仏教では死後、故人の弔いを目的とした追善法要が行われます。初七日法要の後は、亡くなった日を1日目とし、7日ごとに法要を営み、四十九日をもって忌明け（満中陰）となります。その後、百箇日法要、一周忌法要、2年目に三回忌、6年目に七回忌…と続き、一般的には三十三回忌をもって弔い上げとなります。

　現在では、一般的には七日ごとの法要は内々で行われ、親戚や関係者が集るのは四十九日（または三十五日）法要となります。その後は百箇日、一周忌、三回忌、七回忌とつづき、三十三回忌を弔い上げとして以降は個別ではなく先祖代々として祀られます。

●法要一覧

死亡

↓

初七日忌(しょなのか)　死後7日目

↓

二七日忌(ふたなのか)　死後14日目

↓

三七日忌(みなのか)　死後21日目

↓

四七日忌(よなのか)　死後28日目

↓

五七日忌(いつなのか)　死後35日目

↓

六七日忌(むなのか)　死後42日目

↓

七七日忌(なななぬか・しちしちにち) 死後49日目 ※四十九日忌 満中陰

→

百箇日　死後100日目

↓

一周忌　満1年

↓

三回忌　満2年

↓

七回忌　満6年

↓

十三回忌　満12年

↓

十七回忌　満16年

↓

二十三回忌　満22年

↓

二十七回忌　満26年

↓

三十三回忌　満32年

↓

五十回忌　満49年

49日目 〜3年目

該当する人

墓地所有者
（祭祀主催者）

納骨の準備をしましょう

納骨をする時期は、法律で定められおらずいつ行ってもかまわないのですが、お墓がすでにある場合は、四十九日法要や一周忌法要などを目安に納骨することが多いようです。

石材店と寺院に連絡をしましょう

　納骨する際には、お墓のカロート（納骨）部分の蓋を開けてもらいますので、あらかじめ石材店に連絡をしておきます。その前に墓誌（故人の没年月日や本名が彫り込まれた石板）や墓石へ戒名（法名）の文字彫を依頼し、納骨法要当日までに仕上げておかなければなりません。現場確認から打ち合わせ、完成まで2週間程度見ておいた方がよいでしょう。

　納骨法要を依頼する場合は、寺院にも日程を相談し、本堂で行うのか墓前で行うのか場所も相談して決めておきます。納骨法要の後、会食をする場合も会食場所の手配をしておきましょう。

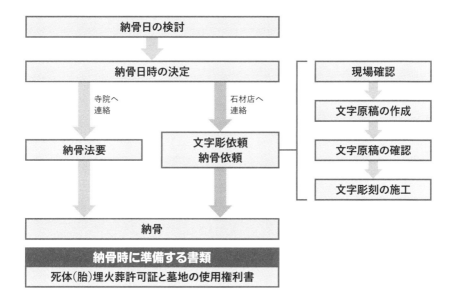

納骨日の検討

納骨日時の決定

寺院へ連絡　　　石材店へ連絡

現場確認

文字原稿の作成

文字原稿の確認

納骨法要　　　文字彫依頼 納骨依頼

文字彫刻の施工

納骨

納骨時に準備する書類
死体（胎）埋火葬許可証と墓地の使用権利書

納骨時に持参するもの

納骨の際には、次の書類が必要です。忘れずに準備しましょう。

① 死体（胎）埋火葬許可証

火葬済の印が押されたものを火葬場で受け取っています。大抵は骨壺の中に入っています。

② 墓地の使用権利書

永代使用許可証など、墓地契約時に受け取っています。

●納骨方法

遺骨の納骨方法は、地域や墓地によって異なります

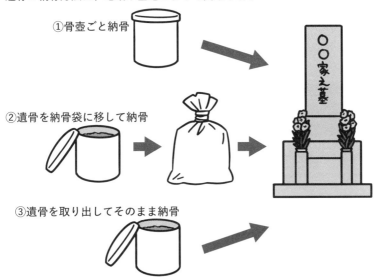

①骨壺ごと納骨

②遺骨を納骨袋に移して納骨

③遺骨を取り出してそのまま納骨

①以外の場合は、後ほど個別に取り出すことが難しくなります。
分骨を希望する場合は納骨前に行います。

用 語 解 説 ....

卒塔婆供養
（そとばくよう）

寺院に申し出て塔婆（仏塔を模した木の板）を納めて供養をすること。宇宙観を表す五輪塔と同様、上部は「地」「水」「火」「風」「空」の五大を表現する形になっている。

新盆のスケジュールを立てましょう

該当する人

遺族
(檀家)

亡くなって1年以内の故人をお迎えするお盆は「新盆」「初盆」と言われ、通常のお盆とは異なるお祀りをする習慣が全国でみられます。

●お盆のスケジュール

事前準備	精霊棚（盆棚）、提灯の設置 仏壇・仏具の掃除 墓掃除 法要の手配
↓	
迎え盆	供物の準備 精霊棚に位牌を移す 迎え火 墓参り
↓	
法要	盂蘭盆会法要
↓	
送り盆	送り火 精霊棚の撤去

お盆は地域によって異なります

　お盆は夏に行われる先祖供養の行事です。お盆の時期は7月に行われる地域（東京中心）、8月に行われる地域（全国的）、また旧暦どおりに行われる地域（沖縄、奄美諸島など）があります。事前準備、迎え盆、法要、送り盆という流れになります。

　盆月に入ったら、先祖を迎えるため「精霊棚」の準備をし、盆提灯を組み立てて飾ります。お盆の初日は盆入りと言われ、迎え火をします。迎え火の火は提灯に移しますが、新盆のときだけは絵柄が入っていない白い提灯を使う慣習が多くみられます。お盆の最中には法要を行い、16日に送り火を焚いて御霊を送ります。

用語解説 ···

精霊棚（盆棚）

先祖を迎えるために準備する台や棚のこと。浄土真宗では霊が帰ってくるという教義がないので精霊棚は作らないが地域の実情に合わせた盆棚は準備する。

精霊棚の準備

　精霊棚は、家に帰ってきた先祖を迎えるためのもの。仏壇の前に机を置いて、季節の野菜や果物、故人が好んでいたものをお供えします。精霊棚にはキュウリで作った馬や、ナスで作った牛を飾ることがありますが、これは先祖の霊が馬に乗って早く来て、帰るときは牛に乗ってゆっくりと帰ってくださいという願いが込められたもの。

　最近では馬や牛、小机に敷く「まこも」がセットになった「盆セット」が量販店でも市販されています。

●精霊棚の例

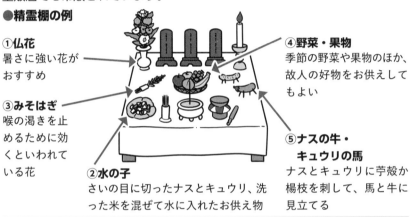

①仏花
暑さに強い花が
おすすめ

③みそはぎ
喉の渇きを止
めるために効
くといわれて
いる花

②水の子
さいの目に切ったナスとキュウリ、洗
った米を混ぜて水に入れたお供え物

④野菜・果物
季節の野菜や果物のほか、
故人の好物をお供えして
もよい

⑤ナスの牛・
　キュウリの馬
ナスとキュウリに苧殻か
楊枝を刺して、馬と牛に
見立てる

お盆の過ごし方

　13日に迎え火を焚いて先祖をお迎えし、14、15日に先祖供養をして、16日に送り火を焚いて送るというのが一般的なお盆の行事の流れです。法要を営む場合は、事前に寺院に連絡を入れて時間を決めておきます。寺院で行われている「盂蘭盆会」というお盆の行事に参加するのもよいでしょう。

　迎え火は墓地や玄関先などで、苧殻といわれる麻の茎を積み重ねて着火し、その火種を提灯に移す儀式が行われます。近年は苧殻を焚くことが難しいので、盆提灯を電灯にしたり、ろうそくへの点灯のみで迎え火とすることが多くなっています。送り火も苧殻を焚いて先祖の御霊をあの世へ送ります。

　なお、新盆の場合はお香典を持参してお参りに来る方も多いので、菓子折り程度の準備をしておきます。

年内

該当する人
遺族 (檀家)

喪中時の過ごし方

近親者が亡くなった年は、正月のお祝いや年始回り、初詣など、晴れがましいことや派手な行動は控えるのが一般的です。仏壇をきれいにし、墓参りなど年末年始は静かに過ごします。

●喪中の動き

喪中はがきの準備

↓

喪中はがきを送る

↓

（喪中見舞いが届く）

↓

年末年始：墓参

↓

寒中見舞いはがきを送る

喪中はがき

喪中はがきを送りましょう

　近親者を亡くした後は、喪に服するという意味で年賀状を出すのを控え、その代わりに年賀欠礼状（喪中はがき）を送る習慣があります。喪中はがきは11月中旬から12月初旬には届くように準備しましょう。

　喪中はがきを送ったら、先方から「喪中見舞い」として供物が送られてくることがあります。「喪中見舞い」の歴史は浅く、届いたときの対応として判断に迷うところですが、挨拶と御礼を兼ねて「寒中見舞い」を送るとよいでしょう。「香典」として現金が送られてきた場合は、香典返しを送ります。

喪中期間と範囲

　喪中の期間の範囲は、厳密に決まりはありませんが、おおむね下記が目安となります。故人との関係、同居しているか否かによっても異なります。

- **故人の父母、養父母、義父母：12ヶ月〜13ヶ月**
- **故人の子ども：3ヶ月〜12ヶ月**
- **故人の兄弟：3ヶ月〜6ヶ月**
- **故人の祖父母：3ヶ月〜6ヶ月**
- **故人の祖祖父母、伯父伯母、叔父叔母：喪中としない**

　上記の範囲に入っていなくても、気持ちの整理がつかず、時間を必要とするのであれば、「喪中」の気持ちで過ごしてもかまいません。

喪中時の年末年始

　喪中時は、神社仏閣への参拝は避けるべきとされています。ただし、これは新年の祝賀ムードの影響もありますが、宗教上の考え方としてならば、仏教にはケガレの概念がないため寺院への初詣は可能です。神社の場合は、五十日祭を過ぎれば忌明けとなり参拝は可能です。とはいえ、正月は街中が華やかな雰囲気になるので、晴れがましい行動は慎んだ方がよいでしょう。

仏壇、お墓参りのすすめ

　新年を迎えたら、まずは自宅の仏壇に手を合わせましょう。さらにお墓参りや縁のある寺院に参拝します。

正月飾りやお年玉は

　喪中お場合は、門松、注連縄、鏡餅といった正月飾りは避けます。おせち料理はお祝い膳なので避けた方がよいと言われていますが、近年は祝い肴や縁起物を除いた喪中用のおせち料理も市販されていますので、取り入れてもよいでしょう。

●納中時の過ごし方

正月飾り

クリスマス

　正月飾りは年神様を迎えるためのツールです。忌中時は一切の神事ができません。

　忌明け後ならかまわないという意見もありますが、概ね喪中の家は避けている傾向があります。

お歳暮

　先祖を祀り、年神様を迎えるためのお供え物という意味でしたが、現代では一年の締めくくりとしての贈り物という形になっています。

　忌慎む期間（忌中）の場合は贈るのは控えた方がよいのですが、喪中時の制約は特にありません。

　クリスマスはイエス・キリストの誕生を祝う行事で、戦後日本に定着した行事です。喪中に関する決まり事はありません。

年越しそば

　年越しそばの由来には諸説あり、「長寿・延命を願って」「一年の苦労を切る（蕎麦が切れやすいことから）」などの意味がありますが、年神様を迎えるためのお祝い料理ではないので食べてもかまいません。

用 語 解 説

忌中と喪中

忌中は「忌み籠りの期間」という意味で、仏教では死後四十九日、神道では五十日までを忌中とする。喪中は身を慎んで死者と向き合う期間で「服喪期間」ともいう。

こんなときどうする?
法要などに関する疑問・質問

法要に関して寄せられる疑問・質問を葬儀に詳しいコンサルタントが答えます。

Q 仏壇と神棚を同じ部屋に置いてもよいのでしょうか?

A:同じ部屋に置いて大丈夫です。

神棚も仏壇もどちらも尊いものです。同じ場所にお祀りしても、向かい合わせに置かない方がよいでしょう。なぜならお参りする際に、もう一方にお尻を向けてしまうという理由があります。上位・下位という考え方はないので、神棚の真下に仏壇を配置するのは避け、少しずらして置いた方がよいでしょう。

Q 祖霊舎を置く場所がないので、神棚に霊璽をお祀りしてもよいですか?

A:神棚には霊璽は置くことができません。

神棚は、神社で授かったお札を置く場所です。つまり、神様をお祀りする場所なので、ご先祖の霊璽をお祀りすることはできません。逆に祖霊舎にお札を納めることもできません。

スペースがないようでしたら、霊璽だけを置く小型タイプを用意するとよいでしょう。

Q 他の先祖と一緒に法要を行ってもよいですか?

A:2つの法要を一緒に行ってもかまいません。

家庭内で、同じ月に2人以上の法要が重なった場合、2つの法要を一緒に行ってもかまいませんが、四十九日忌、一周忌、三回忌までは一緒にせず、別に法要を営むことをおすすめします。

Q ペットの遺骨を一緒に納骨したいのですが

A:墓地・霊園の規約に従いましょう。

法律上、ペットの遺骨は「モノ」とみなされて、副葬品扱いとなります。人間と一緒に埋めても法に触れるわけではありませんが、他の使用者への配慮もあって、各霊園・墓地の管理規則でペットの遺骨を一緒に埋めることを禁じているところが多いようです。

最近はペットと一緒に入れるお墓も増えていますので、検討する場合は、ペット可とする区画を設ける墓地・霊園を選ぶとよいでしょう。

Q 新盆に飾った白提灯は、来年も使いますか？

A:使用しないので破棄します。

白提灯は新盆のときのみ一度しか使用しませんから、お盆が終わったら燃やして処分します。そのまま廃棄物として処分するか、気になる場合は菩提寺などでお焚き上げ供養してもらうとよいでしょう。

Q 喪中はがきは取引先にも出した方がよいですか？

A:個人的な関係でなければ出さなくても大丈夫です。

喪中のしきたりはプライベートなことなので、公の関係にある会社や取引先には喪中期間中であっても通常通り年賀状を出してもかまいません。個人的に付き合いのある個人事業主の場合は、仕事関係でも喪中はがきを出す場合もありますが、仕事上の付き合いしかない人に喪中はがきを出すと、かえって余計な気をつかわせることになります。

第 5 章

財産の確認・相続の準備

相続ですか・・・、うちにそんなに財産あったかな・・・？

知らない借金もあるかもですし、まずは確認することが大事です

✔

本章解説

該当する人

相続人になる 場合

相続手続きの流れ

相続手続きを通じて遺産分割を進めるには、様々な書類の収集と作成が必要不可欠です。ここでは相続手続きの流れを確認しましょう。

●相続の流れ

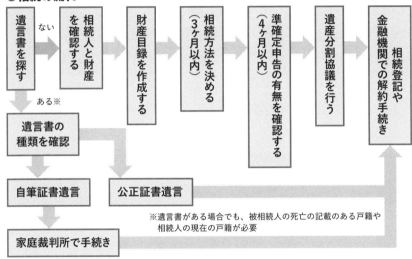

※遺言書がある場合でも、被相続人の死亡の記載のある戸籍や相続人の現在の戸籍が必要

相続開始後は相続人を確認しましょう

相続の権利を持つ「相続人」は法律で明確に定められており、戸籍謄本で確認する必要があります。相続が発生したら、まずは誰が相続人になるのかを確認しましょう。

➡相続人を調べる方法は144ページへ

相続開始後すぐに相続財産を確認しましょう

相続財産は不動産や金銭といった資産価値のある「プラスの財産」だけではありません。借金やローンといった「マイナスの財産」も相続の対象です。

➡相続財産の調査の方法は146〜158ページへ

※相続放棄・限定承認や相続税の申告・納付など期限のある手続きを検討している場合、相続人や財産の調査は、可能な限り早めに取り掛かる必要があります。

相続開始〜3ヶ月以内に相続方法を決定しましょう

　相続財産において、プラスの財産よりも借金などのマイナスの財産が多い場合には、相続する権利自体を放棄する「相続放棄」を検討する必要があるかもしれません。ただし、相続放棄には法律上の条件があり、3ヶ月以内に手続きをしなければならないなど、押さえておくべきポイントがあります。

　この「相続放棄」を行うには、家庭裁判所での手続きが必要です。

➡相続方法については160ページへ

相続開始〜4ヶ月以内に準確定申告を行いましょう

　被相続人に、一定額以上の所得や2か所以上からの所得が生前にあった場合は、相続人が被相続人に代わって4ヶ月以内に確定申告（準確定申告）を行う必要があります。

➡準確定申告の詳しい流れは140ページおよび162ページへ

相続人と相続財産が確認できたら遺産分割協議を行いましょう

　相続人と相続財産が確認できたら、実際に財産を受け取る相続人同士で、各相続人が財産をどのように取得するのかを話し合う「遺産分割協議」を行います。どのような方法や割合で分割するにしても、遺産分割には相続人全員の合意が必須です。

➡遺産分割協議の具体的な流れは164ページへ

ポイント

遺言書がある場合、遺産分割協議は不要！

　遺言書に記載された財産を遺言書の通りに分割する場合、遺言書に従って手続きを進めるため、遺産分割協議は必要ありません。遺言書と異なる分割方針で手続きを進めることに相続人全員で合意が形成できる場合には、遺産分割協議書を作成して手続きを進めることができます。

相続手続きの基礎知識

相続手続きを適切に進めるためには、相続人や相続財産、遺産分割についての知識が不可欠です。手続きを進める前に、相続手続きの基礎知識を確認していきましょう。

相続人の順位と範囲

相続において、誰もが相続人になれるわけではありません。民法では被相続人から相続財産を受け継ぐ権利を持つ人（法定相続人）を、配偶者と子、父母、兄弟姉妹に限定しています。

法定相続人のうち被相続人の配偶者は必ず相続人になりますが、その他の法定相続人については右のような順位が設けられています。上位の法定相続人がいる場合、下位の法定相続人は相続財産を取得することができません（遺言書による指定がある場合を除く）。

なお、被相続人の子が被相続人よりも先に亡くなっていた場合は孫が、孫も亡くなっていた場合は曾孫が相続権を取得します。このように、直系卑属がいる限り、相続権は第2順位に移転せず、下の世代に承継されていきます。これを「代襲相続」と呼びます。

直系卑属がおらず、父母が相続権を取得する場合、被相続人の父母が先に亡くなっていても、存命の直系尊属に相続権が承継されていきます。

第3順位の法定相続人についても代襲相続は発生しますが、相続権は甥や姪までしか移転せず、その下の世代には承継されません。

法定相続人となる子や父母には、養子や養親も含まれます。また、被相続人が生前離婚していた場合、離婚した配偶者は法定相続人になりませんが、その配偶者との間にいた子は法定相続人です。

相続人の確認はきちんとした調査が必要です。

直系尊属と直系卑属

　直系尊属は父母や祖父母など「上の血族」、直系卑属は子や孫といった「下の血族」です。血族には、血縁者のほか、養親や養子が含まれます。

　「残された家族の生活を守る」という観点から、配偶者や直系卑属が優先して相続権を取得できるよう、法定相続人に順位が設けられています。

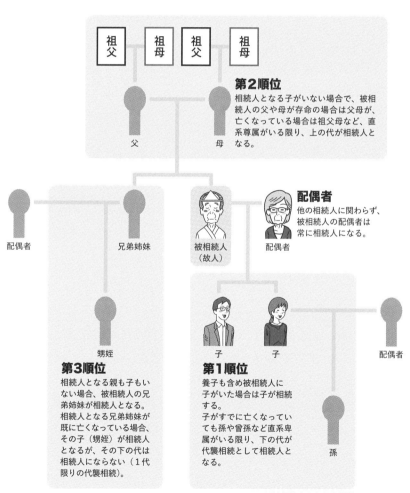

第2順位

相続人となる子がいない場合で、被相続人の父や母が存命の場合は父母が、亡くなっている場合は祖父母など、直系尊属がいる限り、上の代が相続人となる。

祖父　祖母　祖父　祖母

父　　母

配偶者　　兄弟姉妹

被相続人（故人）　配偶者

配偶者

他の相続人に関わらず、被相続人の配偶者は常に相続人になる。

甥姪

子　子　　配偶者

孫

第3順位

相続人となる親も子もいない場合、被相続人の兄弟姉妹が相続人となる。相続人となる兄弟姉妹が既に亡くなっている場合、その子（甥姪）が相続人となるが、その下の代は相続人にならない（1代限りの代襲相続）。

第1順位

養子も含め被相続人に子がいた場合は子が相続する。
子がすでに亡くなっていても孫や曾孫など直系卑属がいる限り、下の代が代襲相続として相続人となる。

※被相続人から見た関係

相続財産になるもの・ならないもの

　相続の対象となる財産は、預貯金や不動産などの財産及び、被相続人個人のみに帰属するもの（一身専属権）を除く一切の権利と義務です。

　一般的に相続というと、現金や預貯金といった資産価値のある財産（プラスの財産）に目がいきがちですが、プラスの財産はもちろんのこと、資産価値の判断は難しいが、貴金属、骨とう品など市場価値がつく被相続人の思い出の品、借金や保証人の地位といったマイナスの財産（相続する債務）も相続の対象となりますので、注意が必要です。

●プラスの財産になるもの
　・土地や家屋などの不動産
　・預貯金やタンス預金などの金銭
　・株式や国債などの有価証券
　・ゴルフ会員権などの会員権
　・家財道具や自動車などの動産

●マイナスの財産になるもの
　・借金やローンなどの負債
　・連帯保証人の地位などの保証債務

　死亡による生命保険金などは、契約によって受取人が指定されているため、相続の対象とはなりません。しかし、個別の契約内容や商品内容によっては、相続財産となる場合があります。また、民法上相続財産とはならない財産でも、税法上は相続財産に類するものとして相続税の課税対象とされる「みなし相続財産」と呼ばれる財産も存在します（178ページ参照）。

　遺産分割だけでなく、相続税の申告のためにも、正確な財産の把握が大切です。

相続方法の検討

　相続人は、相続対象となる財産を受け取るかどうかを選択することができます。法律上認められている相続方法は、単純承認・相続放棄・限定承認の３種類です。

●相続の方法

単純承認

被相続人の財産を、プラスの財産もマイナスの財産も含めて相続する方法

相続放棄

被相続人の財産について、プラスの財産もマイナスの財産も関係なく、全ての相続権を放棄する方法

限定承認

マイナスの財産が、プラスの財産よりも多い場合、相続するプラスの財産の範囲を限度として、マイナスの財産も相続する方法

●相続の方法

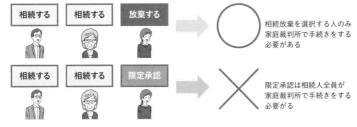

相続放棄を選択する人のみ家庭裁判所で手続きをする必要がある

限定承認は相続人全員が家庭裁判所で手続きをする必要がる

相続方法の選択は３ヶ月以内に

　限定承認と相続放棄は、相続の開始を知った時点から３ヶ月以内に家庭裁判所で手続きを行わなければなりません。何もせず３ヶ月を経過してしまうと、プラスの財産もマイナスの財産も相続する意思がある（単純承認）とみなされてしまいますので、注意が必要です。

　また、相続放棄は、放棄したい相続人だけでも家庭裁判所で手続きをすれば認められますが、限定承認では、相続人全員での手続きが必要です。

　なお、限定承認は年間数百件しか申し立てがなされておらず、ほとんど利用されていない方法です。年間20万件以上の申し立てがされている相続放棄と比べても、手続きが複雑で手間も費用も要する方法になります。選択する際には注意が必要です。

相続人全員での遺産分割協議

　相続人が確定し、相続の対象となる財産の内容が明らかになったら、財産の分け方を決める遺産分割協議を行います。

　なお、遺言による遺産分割の指定がある場合は、その指定内容が最優先されますので、遺産分割協議で分け方を決める必要はありません。

　相続財産は、民法によって各相続人に定められた法定相続分で分けることもできますし、相続人同士の話し合いで決めた割合で分けることも可能です。

　遺産分割協議では、どのような方法や割合で分割するにしても、相続人全員の合意が必須です。

　ここでは、相続関係に応じた法定相続分での分け方を確認しておきましょう。

●法定相続分の基本的な配分

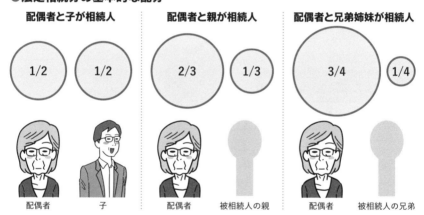

●法定相続分の分け方

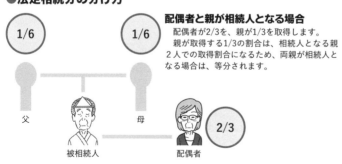

配偶者と親が相続人となる場合

　配偶者が2/3を、親が1/3を取得します。
　親が取得する1/3の割合は、相続人となる親2人での取得割合になるため、両親が相続人となる場合は、等分されます。

配偶者と子が相続人となる場合

配偶者が1/2を、子が1/2を取得します。
子が取得する1/2の割合は、相続人となる子全員での取得割合になります。
子が複数いる場合は、配偶者の取得割合とのぞいて人数に応じて等分されます。
また、代襲相続人が取得することができるのは、本来の相続人が取得するはずだった相続分（図の妹が取得するはずの1/4）を代襲相続人の人数で等分した割合となります。

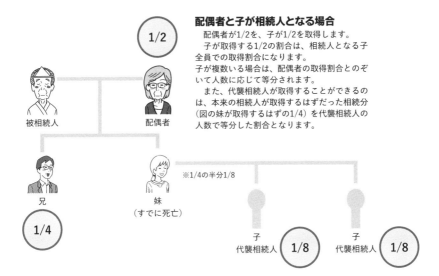

配偶者と兄弟姉妹が相続人となる場合

配偶者が3/4を、兄弟姉妹が1/4（図では二人いるので1/8）を取得します。
兄弟姉妹が取得する1/4の割合は、相続人となる兄弟姉妹全員での取得割合になるため、兄弟姉妹が複数いる場合は、人数に応じて等分されます。

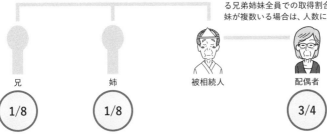

基礎知識

準確定申告の基礎知識

該当する人

被相続人が
確定申告を
していた場合

故人が生前確定申告を行っていた場合、その年の死亡日までの所得について、相続人が準確定申告の義務を負います。

●準確定申告の流れ

申告する人を決める

相続人同士で話し合い、代表相続人を決める

↓

用意する書類

※下記参照

↓

準確定申告書を作成

直接又は郵送で
提出する場合

e-Tax（電子申告）
で提出する場合※

どこに提出する?

必要書類を管轄税務署に郵送又は直接提出

何を用意する?

通常の申告書に加え、準確定申告の確認書が必要。国税庁HPから取得

↓

どうやって提出する?

記入書類をPDF形式に変換し、e-Taxから提出する

↓

完了

・確定申告書…国税庁HPから取得
・申告付表…国税庁HPから取得
・給与の源泉徴収票…勤務先から交付
・年金の源泉徴収票…死亡届の届出人に送付
・各種控除証明書…保険会社から発行
・還付金受領の委任状
　※代表相続人が一括受領する場合

準確定申告とは

準確定申告とは、被相続人の生前の所得についての確定申告のことです。被相続人に代わって、相続人全員が申告義務を負いますが、実際の申告にあたっては、代表で申告を行う代表相続人を決めて進めるのが一般的です。

確定申告と準確定申告では、申告期限や控除対象などが異なりますので、注意が必要です。

●確定申告と準確定申告の違い

	確定申告	準確定申告
申告期限	毎年2月16日から3月15日までの間	相続発生から4ヶ月以内
申告義務者	本人	相続人全員
管轄税務署	本人の住所地の管轄税務署	被相続人の死亡時における住所地の管轄税務署
申告の対象	前年1年間の所得	その年の死亡日までの所得

※e-Taxとは別にある確定申告作成コーナーでは、申告書の作成はできますが、送信はできません。印刷しての提出になります。

準確定申告が必要な場合

　準確定申告は故人全員に必要な申告ではありません。被相続人が下図のうちいずれかの要件を満たす場合に、準確定申告が必要となります。要件を満たさない場合は、準確定申告は義務ではありません。

　しかし、生前に医療費や寄付金などの控除の対象となる支払いがあった場合は、準確定申告をすることで還付金が戻る可能性があります。

　準確定申告が必要かどうかの詳細な基準は、国税庁のホームページからも確認することができます。準確定申告が必要な場合はもちろんのこと、準確定申告によって還付金を受け取れるかもしれません。還付の有無を把握するためにも、準確定申告の要件を確認しておくようにしましょう。

●準確定申告の要件

以下の要件は亡くなった年の1月1日から、死亡日までを対象とします。

事業所得や不動産所得があった

2,000万円以上の収入があった

複数の会社からの収入があった

400万円以上の公的年金を受け取っていた

給与や退職金以外に20万円以上の収入があった

準確定申告の期限は4ヶ月

　準確定申告の期限は、「相続発生を知った日の翌日から4ヶ月以内」です。この期限のうちに申告も納付も済ませなければなりません。この期限を過ぎてしまうと、加算税や延滞税といった、追加の税金が課されてしまう可能性があります。

　4ヶ月という期限は死後の手続きを進める中であっという間に過ぎてしまいます。故人の財産状況を把握できていない場合は、相続発生後すぐに調査をするなどして、準確定申告が必要かどうかを把握しましょう。

なるべく
早く

該当する人

相続人になる
場合

遺言書を探しましょう

遺言書は故人が生前最後に遺した意思そのもの。相続手続きでは遺言書が最優先されます。遺言書がある相続手続きは遺言書の種類によって進め方が異なります。

●遺言書での相続手続きの流れ

遺言書の種類を確認
自宅もしくは公証役場

自筆証書遺言があった　　　公正証書遺言があった

家庭裁判所で行う

裁判所に検認の申し立てをする	遺言書に基づいて登記や金融機関での解約手続きなどを進める
裁判所からの検認期日に出頭する	
検認期日に出頭・遺言書が開封される	1通につき150円の収入印紙と申立人の印鑑を用意して検認済証明書を申請する

遺言書の開封には注意が必要です

遺言書は大きく分けて、遺言者がご自身で作成された「自筆証書遺言」と、公証役場で公証人が作成した「公正証書遺言」に区別されます。

自筆証書遺言は自宅で見つかることが一般的ですが、自宅で遺言書を発見しても開封してはいけません。自筆証書遺言の開封には、遺言者の最後の住所地を管轄する家庭裁判所での「検認」手続きを経ることが法律上義務付けられており、検認を受けずにを開封してしまうと、5万円以下の過料が課せられる場合があります。

なお、後述の法務局の自筆証書遺言保管制度を利用していた場合には、検認を経ることなく相続手続きに使用することが可能です（右欄、および200ページ参照）。

公正証書遺言はすぐに相続手続きに使用可能

　自筆証書遺言が自分で作成する遺言書であるのに対し、公正証書遺言は2名の証人の立ち会いの下、公証役場で公証人の記述によって作成する遺言書です。公正証書遺言は原本が公証役場で保管されています。

　公正証書遺言は検認のような特別な手続きを経ることなく、相続手続きに用いることができます。

 ポイント

遺言書の保管場所

●自筆証書遺言

自宅
自宅で発見されることが一般的です。

法務局
2020年からは、自筆証書遺言を法務局で保管する「自筆証書遺言保管制度」が始まりました。相続人であれば、全国どこの遺言書保管所でも保管されている遺言書の有無を確認できます。

●公正証書遺言

自宅
正本や謄本が自宅で発見されることが一般的です。

公証役場
公正証書遺言の原本は必ず公証役場で保管されます。
相続人であれば、全国どこの公証役場でも遺言書の有無を検索できますので、ご自宅で見つからなかった場合はお近くの公証役場で検索してみましょう。

用 語 解 説 ‥‥‥‥‥‥‥‥‥‥‥‥‥‥‥‥‥‥‥‥‥‥‥‥‥‥‥‥‥‥‥‥‥

遺言書の原本・正本・謄本

正本と謄本はともに原本の写しだが、正本は原本と同じ効力を持つ一方、謄本は代わりにならない。

相続人を把握しましょう

遺産分割協議は相続人全員の参加が必須の要件ですので、相続人の把握は不可欠です。相続人調査のための戸籍収集には時間も手間もかかります。

戸籍謄本を集めて法定相続人を確認しましょう

相続人を調べる際には、被相続人の出生から死亡までの全ての戸籍謄本を初めとした、たくさんの戸籍謄本を集めていく必要があります。

法定相続人を把握するために必要な戸籍謄本は、被相続人の家族関係や相続人となる人の順位によって異なります（右ページ図参照）。

戸籍は結婚や転籍をきっかけに各市区町村で新しく作成されるため、相続人を調べるには、それぞれの市区町村に戸籍を請求しなければなりません。

戸籍謄本は、市区町村役場の窓口のほか、ホームページで取得できる請求書式を利用して、郵送で請求することも可能です。どちらの方法で請求する場合でも、添付書類として、請求者の本人確認書類などのほか、被相続人と請求者との相続関係が分かる戸籍が必要です。そのため、戸籍収集を進めていく場合には、下図のように新しいものから古いものに遡って請求していくことになります。

相続手続に必要な戸籍謄本が全て取得できたら、家系図のような形で相続関係をまとめた「相続関係説明図」も忘れずに作成してしましょう。

●遺言書に基づく相続手続きの流れ

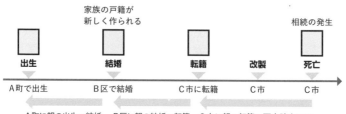

●相続人調査のための戸籍収集

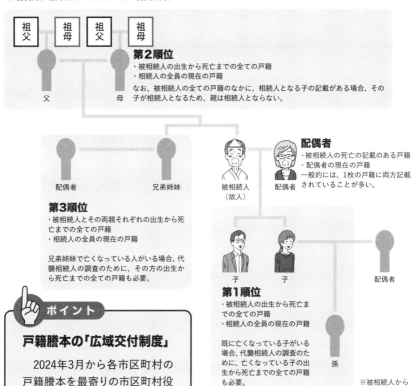

第2順位
・被相続人の出生から死亡までの全ての戸籍
・相続人の全員の現在の戸籍

なお、被相続人の全ての戸籍のなかに、相続人となる子の記載がある場合、その子が相続人となるため、親は相続人とならない。

配偶者
・被相続人の死亡の記載のある戸籍
・配偶者の現在の戸籍
一般的には、1枚の戸籍に両方記載されていることが多い。

第3順位
・被相続人とその両親それぞれの出生から死亡までの全ての戸籍
・相続人の全員の現在の戸籍

兄弟姉妹で亡くなっている人がいる場合、代襲相続人の調査のために、その方の出生から死亡までの全ての戸籍も必要。

第1順位
・被相続人の出生から死亡までの全ての戸籍
・相続人の全員の現在の戸籍

既に亡くなっている子がいる場合、代襲相続人の調査のために、亡くなっている子の出生から死亡までの全ての戸籍も必要。

※被相続人から見ての関係

ポイント

戸籍謄本の「広域交付制度」

2024年3月から各市区町村の戸籍謄本を最寄りの市区町村役場の窓口で一括で取得できるようになります。被相続人の配偶者、直系の尊属・卑属が請求できますが、取得できるのは電子化された戸籍に限られるため、前述の方法で請求が必要な場合があります。

戸籍の種類に注意してください

同じ人の戸籍でも、「戸籍謄本」（電子化後は戸籍全部事項証明書）と「戸籍抄本」（電子化後は戸籍個人事項証明書）の2種類に分けられますが、相続においては、親族関係が重要になるため、「戸籍謄本」が必要です。各市区町村に請求する際は、必ず「戸籍謄本」（戸籍全部事項証明書）を請求しましょう（82ページ参照）。

預貯金を確認しましょう

相続財産の中でも、特に預貯金は一般的な財産ですので、遺産分割を進めるうえで、確実に把握するようにしましょう。

●預貯金を調べる流れ

どこへ問い合わせる？

被相続人が口座を持っていた金融機関の支店又は相続センターに口座名義人の死亡を伝える

↓

調べるために用意する書類

・被相続人の死亡の記載がある
　戸籍謄本
・被相続人との関係を示す戸籍謄本
・金融機関指定の書類

↓

残高証明を取得

死亡日時点の口座残高を把握

↓

取引履歴を取得

相続開始前3年間の入出金を把握

↓

取得者確定後176ページへ

金融機関に
逝去の連絡をしましょう

相続財産調査の基準日は原則として「相続開始日（故人の死亡日）」です。相続開始後も口座が放置されていると、税金やライフラインなど様々なお金が引き落とされ、相続財産となるべき預貯金が変動してしまいます。

相続が発生したら、金融機関に口座名義人が亡くなった旨を連絡しましょう。口座を持っている支店への連絡が確実ですが、支店がわからなかったり、そもそも口座を持っていたかがわからなかった場合には、各金融機関の最寄りの支店に連絡をし、被相続人の情報を伝えて口座を確認してもらいましょう。

金融機関が口座名義人の死亡を知ると、自動的に口座が凍結されます。その口座で支払いが必要なものがある場合には、事前に支払い口座を変更するようにしましょう。

「口座残高」と「取引履歴」を確認しましょう

　金融機関に連絡したら、通帳から相続開始日時点での口座残高を確認しましょう。通帳が見つからなかったり、取引内容がまとめて記帳された合算記帳がなされていたりして相続開始日時点での残高を特定できない場合には、金融機関から残高証明書を取得しましょう。

　また、相続税は「相続開始日時点の口座残高＋相続開始前3年以内の贈与分（2024年以降は段階的に最大7年以内に延長）」が課税対象となるため（206ページ参照）相続開始前の入出金も確認する必要があります。こちらも通帳で確認できるとよいのですが、個別の出金額を確認できない場合は、金融機関から取引履歴も取得しましょう。

　残高証明書や取引履歴を取得する際は、死亡の連絡時に「残高証明書と取引履歴を取得したい」と伝えておくと安心です。

残高証明書を取得するときの指定日に注意！

　残高証明の依頼書には「いつ時点での証明が必要か」を記入する必要があります。まずは相続開始日時点での残高証明を取得するようにしましょう。なお、実際の遺産分割のために、直近日での残高証明書を取得しておくことは問題ありません。

　依頼書の用意ができたら、ご自身と被相続人との相続関係を示す戸籍謄本と印鑑登録証明書、金融機関指定の書類を添付して提出しましょう。

　郵送での提出もできますが、被相続人名義の口座の全てが把握できていない場合は、わかるもののみ記入して、最寄りの支店の窓口で確認してもらいましょう。

　支店で手続きを行う場合、予約してから行くとスムーズです。また、貸金庫がある場合は、その支店でしか手続きができないので注意が必要です。

該当する人

相続人になる場合
必要な戸籍が揃ったら

有価証券を確認し、評価を出しましょう

相続財産となる金融資産のなかでも、株式などの有価証券は評価の仕方によって金額が大きく変わります。丁寧な確認と適切な評価が必要です。

●有価証券を調べる流れ

年間取引報告書から証券会社に連絡

証券会社から送られる年間取引報告書をもとに残高証明書を請求する

↓

銘柄から株主管理名簿を確認する

残高証明書で銘柄を確認したら、インターネットでその銘柄の「株主名簿管理人」を調べる

↓

所有株数を調べる

株主名簿管理人（信託銀行など）から「所有株式数証明書」と「所有株式数証明書（特別口座）」を取得する

↓

未払配当金明細書を取得する

株主名簿管理人から未払配当金明細書を取得し、未払いの配当金の有無と金額を確認する

↓

株式などを評価する

取得者確定後176ページへ

調査の対象は主に2か所あります

有価証券を調べる際は「証券会社」と「株主名簿管理人」が対象になります。

証券会社は取引口座を直接管理していますが、自社で購入された有価証券しか把握できません。有価証券の所有数をすべて把握するには、証券会社の調査だけでは不十分なのです。

そこで、株主名簿管理人を調べる必要があります。株主名簿管理人は信託銀行などが担っており、株主を一括管理しています。

また、株主名簿管理人は、証券会社では管理されない単元未満株（端株）も管理しています。そのため、株主名簿管理人の特別口座で管理されている株数も調べましょう。

なお、株主名簿管理人であれば、被相続人の死亡日時点で払い出されていない配当金の金額も調べることができます。

 **ポイント**

証券会社が分からない場合は？

　調査すべき証券会社が分からない!?という場合、「証券保管振替機構（保振）」で被相続人の株式を管理している会社を調査することができます。被相続人との関係性によって提出書類が異なりますので、詳細は保振のWEBサイトをご確認ください。

　なお、保振では株式の銘柄まではわかりません。保振での調査後、証券会社や信託銀行での確認が必要です。

証券保管振替機構：https://www.jasdec.com/

有価証券の評価は4基準から計算します

　被相続人が所有している株式などの有価証券が把握できたら、その評価額を把握しましょう。相続税法上は、次の4つの基準から算出される銘柄ごとの基準額のうち、最も低い金額を評価額として用いることができます。

〈基準額（株式の場合※）〉
　①被相続人の死亡日の終値
　②被相続人の死亡日に属する月の毎日の終値の月平均額
　③被相続人の死亡日に属する月の前月の毎日の終値の月平均額
　④被相続人の死亡日に属する月の前々月の毎日の終値の月平均額

　　　　　　　※一般的な投資信託（株式や債券など）の場合は、相続開始日の基準
　　　　　　　価額となります。特殊な投資信託はまた別の計算になります。

　死亡日の終値は、インターネットからも調べることができます。相続人間で合意が得られていれば、どの評価額を使用しても問題ありませんが、相続税申告のための財産評価は、決められた評価基準を用いて、ご自身で行う必要があります。

用語解説 ・・・

特別口座

株式などを管理するために信託銀行で開設される口座

借金を把握しましょう

相続財産となるのは、資産価値のある財産だけではありません。「相続で多額の借金を背負う羽目に！」なんてことにならないようにしましょう。

●負債を調べる流れ

用意する書類

・信用情報機関のHPから開示申込書を取得する
・故人の死亡の記載のある戸籍謄本の取得
・自分の現在の戸籍謄本の取得

↓

開示手数料相当の費用を次の方法で払う

・開示利用券（コンビニで購入）
・定額小為替（ゆうちょ銀行で購入）

↓

開示利用券や定額小為替と併せて開示申込書を郵送

※信用情報機関によっては、インターネット開示や窓口提出も可能

被相続人の負債は
3つの信用情報機関で調べましょう

消費者金融やクレジットカードといった、消費者向けローンを調べる際は、「信用情報機関」に開示請求を行いましょう。

信用情報機関には、個人のローンやクレジットの利用履歴が登録されています。信用情報機関は、対象となる加盟機関によって3種類に分けられます。

どの信用情報機関でも郵送での手続きが可能ですが、インターネットでも受け付けている機関もあります。インターネットの場合、郵送よりも手数料が安い場合があります。調べる際は各機関のホームページを確認し、最も手間の少ない方法で手続きを行いましょう。

また、コロナ禍以降、窓口での手続きを制限していたり、受け付けていなかったりする信用情報機関もあります。事前に確認するとよいでしょう。

●**信用情報機関**

日本信用情報機関（JICC） https://www.jicc.co.jp/ **手続き方法** 郵送又は窓口	**信用情報の対象** •**消費者金融** •**信販会社**
シー・アイ・シー（CIC） https://www.cic.co.jp/ **手続き方法** インターネット又は窓口	**信用情報の対象** •**クレジットカード会社** •**信販会社**
全国銀行協会個人信用情報センター（KSC） https://www.zenginkyo.or.jp/pcic/open/ **手続き方法** インターネット又は窓口	**信用情報の対象** •**銀行** •**銀行系カード会社**

住宅ローンが残っている場合には、団信に加入しているか確認しましょう

　団体信用生命保険（団信）とは、住宅ローンの契約者が死亡した場合など
に、保険会社から保険金が支払われ、住宅ローンが完済される仕組みの生命
保険です。（105ページ参照）

　故人が団信に加入していた場合、住宅ローンの残金は保険で充当されるの
で、相続人がローンを受け継ぐ必要はありません。なお、全てのローン契約
者が団信に加盟しているわけではありませんので、団信に加入していなかっ
た方のローンについては、相続する債務の対象となります。

2ヶ月以内（なるべく早く）

該当する人

相続人になる場合

- - - - - - - - -

必要な戸籍が揃ったら

不動産を確認し、評価を出しましょう

相続財産のなかでも、特に不動産は金額が大きくなりやすい財産です。遺産分割を行ううえで、相続する不動産をきちんと確認しておくことが大切です。

●不動産を調べる流れ

故人の所有不動産を確認する

固定資産税納税通知書や不動産権利証などから故人の所有不動産を把握する

↓

市区町村に連絡する

不動産所在地の市区町村に固定資産評価証明書を請求する

↓

管轄の法務局で確認する

不動産所在の管轄法務局に不動産の登記簿を請求する

↓

評価証明書と不動産の登記簿を確認する

当該不動産の所有者や持ち分を確認する

↓

不動産を評価する

取得者確定後176ページへ

納税通知書や権利証から不動産を確認しましょう

不動産を購入すると、その不動産についての不動産登記識別情報が必ず作成されます。重要書類ですので、自宅に保管されていることが一般的です。この権利証を確認し、当該不動産の所在地を確認しましょう。

万が一、権利証が見つからない場合は、市区町村から送付される固定資産税納税通知書からでも不動産所在地を確認できます。

次に不動産の固定資産税評価額を把握するために、所在地の市区町村から固定資産評価証明書を取得しましょう。

また、不動産の登記名義人の所有割合（単独名義なのか、持分共有なのか）を確認するため、法務局から不動産の登記簿を取得しましょう。

なお、評価証明書や登記簿を取得する際に必要な不動産の所在地は、住所ではなく、登記上の「地番」になります。地番は権利証や納税通知書から確認しましょう。

不動産評価の原則は「路線価」と「固定資産税評価額」

　不動産の評価は、土地については毎年国税庁が定める「路線価」を、建物については「固定資産税評価額」を用いて計算を行います。

　固定資産税評価額は納税通知書から、路線価は国税庁のホームページから確認できます。評価方法については、下の図を参考にしてください。

　しかし、実際に評価するうえで図のように計算できる綺麗な土地は多くありません。

　適正な不動産評価額は様々な要素を考慮したうえでの算出になります。相続税の申告が必要な場合、どう評価額を下げる（＝相続税額を下げる）かは、専門的な判断が必要でしょう。

●**家屋の評価**　　　　　●**土地の評価**

評価の原則は　　　　　　　評価の原則は
固定資産税評価額　　　　　路線価評価額

●**不動産の評価方法（戸建ての場合）**

横浜市西区の自宅
（100㎡の土地と家屋）

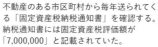

家屋の評価
不動産のある市区町村から毎年送られてくる「固定資産税納税通知書」を確認する。納税通知書には固定資産税評価額が「7,000,000」と記載されていた。

家屋の評価額
700万円

土地の評価
国税庁のホームページから
横浜市西区の路線価図を確認する。
路線価図で自宅の場所を見てみると
土地に接する道路に「300D」と記載されていた。

国税庁　財産評価基準書
https://www.rosenka.nta.go.jp/

土地の評価額
路線価図には、1㎡あたりの路線価が1,000円単位で記載されている。

300×100㎡×1,000円
＝3,000万円

不動産の評価額

3,700万円

ただし…
間口や奥行、地目、周辺環境、
土地の形状、地区区分でも評価が変わるだけでなく、
税理士の判断によって不動産評価に違いがでます！

路線価で評価できない土地は「倍率方式」で計算しましょう

　相続税上の土地の評価は、国税庁が毎年公表する路線価評価額に基づいて計算する「路線価方式」で行うことが一般的ですが、すべての土地に路線価がついているわけではありません。

　国税庁で路線価図を調べてみても、その地域の路線価図が見つからない場合は、地域全体が「倍率方式」の適用地区である可能性があります。

　路線価方式で計算するのか、倍率方式で計算するのかは、国税庁が毎年発表する「路線価図」とともに、「評価倍率表」からも確認することができます。

　評価倍率表で「路線」と記載されているエリアは路線価方式で計算することになりますが、逆に路線価図で「倍率地域」と記載されているエリアでは倍率方式で計算することになります。

　倍率方式での計算方法は、その土地の固定資産税評価額に評価倍率表記載の倍率を乗ずることで評価額を計算することができます。

　例えば、固定資産税評価額が2,000万円の土地について、相続税の評価倍率が1.1倍の場合、土地の相続税評価額は2,000万円×1.1倍＝2,200万円となります。

●横浜市西区の評価倍率表　　●岐阜市加野の路線価図

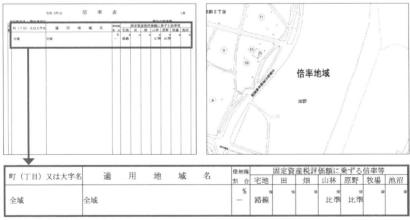

国税庁　路線価図・評価倍率表
https://www.rosenka.nta.go.jp/

その他の不動産の評価方法

　相続税上の土地評価ですが、家屋については固定資産税評価で、土地については「路線価方式」又は「倍率方式」で行います。

　しかし、不動産評価は、「一物四価」（ひとつの不動産に4つの価格）と言われるほど様々な基準があります。相続税評価さえ正しく行っていれば、遺産分割を行う際に、これらの価格で行うことも可能なのです。

●一物四価の価格

公示価格

　公示価格とは不動産取引の基準として毎年国土交通省から示されている価格です。

　毎年3月になると目にする「銀座四丁目の地価が最高価格に」というニュースの「価格」とはこの公示価格のことをいいます。

実勢価格

　実勢価格とは、実際にその不動産が取引された価格のことをいいます。相続した不動産の売却を前提に遺産分割を進める場合、固定資産税評価額よりも実勢価格で計算することも少なくありません。

路線価評価額（相続税評価額）

　相続税評価に用いられる路線価は、公示価格の80%程度を目安に国税庁が設定しています。不動産の需要に左右される実勢価格とは大きな差がみられることも少なくありません。

固定資産税評価額

　固定資産税や登記の際の登録免許税の基準となるのが固定資産税評価額です。固定資産税評価額は公示価格の70%程度を目安に各市区町村が設定しています。

「小規模宅地等の特例」を活用してお得に土地の評価を下げましょう

　不動産は、どうしても評価額が高くなりがちで、相続財産に不動産が含まれているかどうかで相続税額は大きく変わります。

　不動産の評価を下げる特例として、「小規模宅地等の特例」があります。ぜひ活用してください。

　小規模宅地等の特例は、居住用・事業用・貸付用の宅地のうち、面積要件を満たす土地を対象に、一定の親族が取得する場合に限り、評価額を居住用・事業用宅地は80%、貸付用宅地は50%減額することができる特例です。

　土地の用途ごとに、適用のための要件が細かく設定されていますので、相続財産に含まれる土地が適用可能かどうかは、きちんと確認しておくようにしましょう。

●小規模宅地等の特例を使うと評価を下げることができる

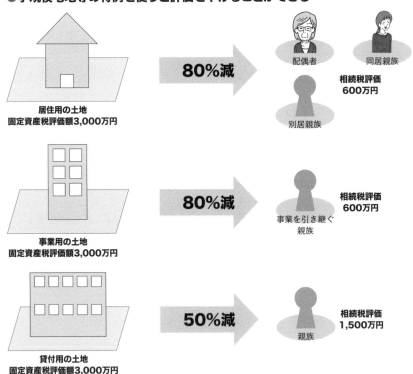

居住用宅地（特定居住用宅地）

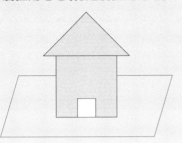

面積の上限：330㎡

取得者の要件
・配偶者：条件なし
・同居親族：相続開始から税申告まで
　居住し、取得（所有）する親族
・別居親族：被相続人に配偶者や同居
　親族がおらず、持ち家のない親族

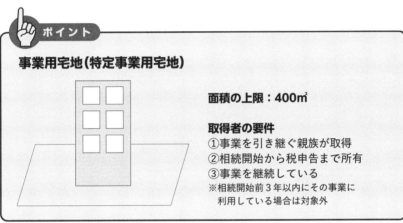

事業用宅地（特定事業用宅地）

面積の上限：400㎡

取得者の要件
①事業を引き継ぐ親族が取得
②相続開始から税申告まで所有
③事業を継続している
※相続開始前3年以内にその事業に
　利用している場合は対象外

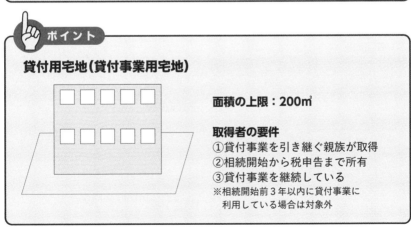

貸付用宅地（貸付事業用宅地）

面積の上限：200㎡

取得者の要件
①貸付事業を引き継ぐ親族が取得
②相続開始から税申告まで所有
③貸付事業を継続している
※相続開始前3年以内に貸付事業に
　利用している場合は対象外

財産目録を作成しましょう

相続財産は不動産から借金まで多岐に渡ります。財産を調べたら、その内容を目録としてまとめておきましょう。

●相続財産目録サンプル

A（不動産）

番号	所在	地番/家屋番号	地目/種類・構造	地積/床面積(㎡)	固定資産評価額(円)	持分×固定資産評価額(円)	根拠資料
1	横浜市西区○○町	△△番1	宅地／木造瓦葺2階建	120.00㎡	1,000,000	1,000,000	2023年度名寄帳、登記情報、公図
					小計	1,000,000	

B（預貯金）

番号	金融機関名（支店名）	種別	口座番号・記号番号	相続開始時残高(円)	根拠資料
1	○○銀行△△支店	普通預金	12345-67890	1,500,000	残高証明書
			小計	1,500,000	

C（株式）

番号	銘柄	株数	証券会社／口座番号等	単価	数量×単価(円)	根拠資料
1	●●産業株式会社	100	△△証券／123456	500	50,000	残高証明書、所有株式数証明書
				小計	50,000	

D（有価証券）

番号	種類	証券会社等	口座番号等	数量等	金額(円)	根拠資料
1	公社債投信	○○証券	987,655	100	1,000,000	残高証明書
				小計	1,000,000	

E（その他）

番号	種類	保険会社等	保険証券番号等		金額(円)	根拠資料
1	手許現金				1,000,000	
2	生命保険金	●●生命	12345-678		15,000,000	
				小計	16,000,000	
				総合計	19,050,000	

相続財産は誰もが分かる形式で記載しましょう

　相続財産目録は、決まったフォーマットはありません。相続人間で相続財産を確認し、遺産分割協議に活用するだけの場合は、自由な書式で相続財産の内容をまとめることができます。ただし、家庭裁判所での手続きが必要な場合は、家庭裁判所所定の遺産目録書式を用いる必要があります（書式は裁判所のホームページで取得可能）。

　なお、相続財産の記載は、誰もが分かる形式でなければいけません。

　財産ごとに、特定できる形式で記載しましょう。

財産ごとの記載の仕方

●土地
所在・地番・地目・地積・利用状況など。
評価額は固定資産税評価額で記載することが一般的。

●家屋
所在・家屋番号・種類・構造・床面積など。
評価額は固定資産税評価額で記載することが一般的。

●預貯金

金融機関・支店・種類・口座番号・金額・保管者など。
金額は相続開始日と調査日の残金も記載しておくとよい

●有価証券

品目・銘柄・種類・単価・数量・保管者など。
評価額の基準日も記載しておく。

●その他財産
自動車…車名・登録番号/車両番号・車台番号・保管者など
保険……保険会社・種類・保険証券番号・受取人など
債務……契約の種類・内容・契約年月日・残債額など

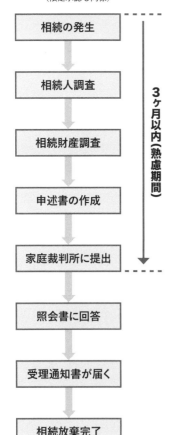

相続方法を決めましょう

3ヶ月以内

該当する人

財産調査が
終わったら

負債が多かった
場合

相続財産の調査が終了し、財産の内容が明らかになったら、具体的に、相続するのかしないのかを決めましょう。相続放棄や限定承認は裁判所での手続きが必要です。

●相続放棄の流れ
（限定承認も同様）

- 相続の発生
- 相続人調査
- 相続財産調査
- 申述書の作成
- 家庭裁判所に提出
- 照会書に回答
- 受理通知書が届く
- 相続放棄完了

3ヶ月以内（熟慮期間）

限定承認や相続放棄の手続きは家庭裁判所で行いましょう

　被相続人が所有していた財産は、相続人が必ず受け取らなければならないわけではありません。

　被相続人が多額の借金を残して亡くなった場合など、負債（マイナスの財産）が相続して得られる財産（プラスの財産）よりも多い場合、相続放棄をすることで、相続人としての支払い義務を免れることができます。

　また、借金はあるけれど被相続人と暮らしていた家だけは相続したいという場合や、借金がどれだけあったか分からない場合などは、限定承認を行うことでプラスの財産の範囲内でのみマイナスの財産も相続すれば足ります。

　これらの手続きを進めるためには、被相続人が亡くなったことを知った日から3ヶ月以内に、家庭裁判所での手続きが必要です。

　相続放棄については単独で手続きすることができますが、限定承認については相続人全員での手続きが必要です。

　期限を意識しながらの手続きが不可欠です。

何もせずに3ヶ月が経過すると単純承認を選択したことに 判断に迷う場合は、「熟慮期間の伸長」も検討しましょう

　相続放棄や限定承認を選択するかどうかを決めるために設けられている3ヶ月の期間のことを、法律上「熟慮期間」と呼びます。被相続人が亡くなってから、何もしないままこの熟慮期間を過ぎてしまった場合、自動的にプラスの財産もマイナスの財産も関係なく、全て相続することになってしまいます（みなし単純承認）。

　しかし、3ヶ月の間に財産の調査が終わらなかったり、財産の内容が多岐に渡るために決断ができない場合など、3ヶ月の熟慮期間では足りないこともあります。そのような場合には、家庭裁判所に申し立てを行うことで、期限を延ばす（熟慮期間の伸長）ことができるかもしれません。

●相続放棄申述書のサンプル

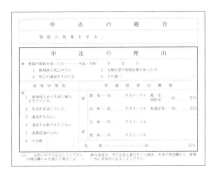

※申述書は裁判所のHPで取得可能

添付書類
・被相続人の出生から死亡までの
　全ての戸籍謄本
・被相続人の住民票又は戸籍の附票
・申述人（放棄する人）の戸籍謄本
　など

費用
・収入印紙800円分＋予納郵券

4ヶ月以内

該当する人

財産調査が 終わったら

被相続人が確定申告 をしていた場合

準確定申告をしましょう

故人に生前一定の収入があった場合、その年の確定申告は誰が行うのでしょうか?故人の代わりに行う確定申告が「準確定申告」です。

準確定申告の期限は4ヶ月
期限を意識した手続きが必要です

「準確定申告の基礎知識」(140ページ参照)にあるように、故人が自営業者だった場合など、一定の条件を満たす場合には、死亡日までの所得をもとに、相続人が代わって確定申告をしなければなりません。

故人が会社員など給与所得者であった場合は、会社で年末調整が行われていますので、準確定申告は不要であることが一般的です。また、給与所得者ではなかった場合でも、年金で生活していた場合などは準確定申告が不要となる場合があります。

なお、医療費控除やふるさと納税などの寄付金控除により還付を受けたい場合には、準確定申告を行うことで、支払い過ぎた税金の還付を受けることができるかもしれません。

なお、「準確定申告の基礎知識」での要件に当てはまるかどうかのセルフチェックはできますが、実際に準確定申告が必要かどうかは、故人の生前の所得状況によって大きく異なります。個人でも申告ができなくはないのですが、所得状況によっては相続税申告が必要になることもありますので、相続税申告も含めて、税金の専門家である税理士への相談が安心でしょう。

複数の相続人がいる場合、相続人全員の連署によって準確定申告書を提出する必要がありますが、代表相続人を決め、その方がその他の相続人の氏名を付記して提出することも認められています。

●準確定申告書の仕様

通常の申告書に「準確定」と入れて使用する

「準確定」と記入

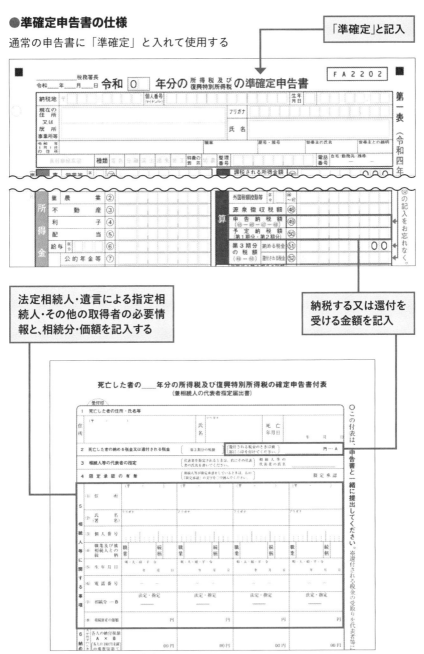

法定相続人・遺言による指定相続人・その他の取得者の必要情報と、相続分・価額を記入する

納税する又は還付を受ける金額を記入

兼相続人の代表者指定届出書

163

4カ月以内

該当する人
相続人全員
相続方法が決まったら

遺産分割協議を行いましょう

相続人が全員判明し、相続財産の内容が明らかになったら、相続財産の分割方針について話し合う遺産分割協議を行いましょう。

遺産分割協議の成立は、相続人全員の合意が必須です

相続人調査と相続財産調査を行い、相続人の範囲と相続財産の内容が把握できたら、ようやく財産の分け方を話し合う遺産分割協議を行う流れとなります。

遺産分割協議が有効に成立するためには、相続人全員の合意が必須です。万が一、遺産分割協議の成立後に新たな相続人が判明した場合、その遺産分割協議は無効となり、再度やり直さなければなりません。

また、遺産分割協議の成立後、遺産分割協議書に記載のない財産が判明した場合、その財産についてのみ、再度の遺産分割協議を行う必要があります。

放置してしまうと、その財産については、名義変更も解約手続きも行うことができなくなってしまいます。

ポイント

「事実上の相続放棄」に注意！

相続財産に負債が含まれている場合、相続放棄を検討される方もいるでしょう。

なかには、遺産分割協議で「私は財産いらない」と宣言して放棄してしまう方もいますが、これは財産を相続する権利を失うだけで、債権者からの返済請求を拒むことはできません。

債務も含めたすべての相続財産の放棄は、家庭裁判所に相続放棄の申述をすることでしかできません。

「突然、故人の借金の請求が来た！」なんてことにならないように、相続放棄の手続きは、家庭裁判所で行いましょう。

遺産分割協議が成立したら、「遺産分割協議書」で協議内容を残しましょう

　相続人全員の合意の下で遺産分割協議が成立したら、その内容を証明するために遺産分割協議書を作成しましょう。

　遺産分割協議書を作成し、各相続人が署名・捺印することで、協議内容が法的に証明され、法務局での不動産名義変更（相続登記）や金融機関での解約手続きを進めることができるようになります。

　遺産分割協議書の書き方には、法的な決まりはありませんが、記載の仕方に不備があれば、その後の手続きを進めることができなくなってしまうこともあります。下欄のポイントを押さえて作成しましょう。

 ポイント

遺産分割協議書の書き方

●「誰が誰の財産を取得するのか」を明確に

　「誰の財産を誰が取得するのか」を明確にしておくことが大切です。被相続人や相続人についての記載は戸籍や住民票の記載通りに、財産資料は登記簿や残高証明書などの根拠となる資料の通りに書きましょう。金融資産は、口座が特定できれば、金額の記載は不要です。

●複数ページに及ぶ場合は、契印や割印も忘れずに

　複数ページに渡る場合は、袋とじで作成し、裏表紙に割印をしましょう。

●記載ミスの修正方法に注意

　記載ミスを修正するときは、誤記箇所を二重線で消したうえで、訂正印を押し、正しい事項を記載しましょう。相続人の氏名や住所などの修正は、その相続人のみが訂正印を押印すればよいのですが、被相続人に関する事項や財産内容の修正には、相続人全員の押印が必要になります。

　なお、次ページのサンプルのように、署名欄の左側や、書面の欄外に相続人全員の捨印箇所を設ける場合は、軽微な修正は、全員の承諾を得ずに行うことが可能です。

●遺産分割協議書（サンプル）

遺産分割協議書

共同相続人である私達は、次の相続について、下記のとおり遺産分割の協議をした。

被相続人の本籍　　東京都千代田区●●二丁目○番
　　最後の住所　　東京都千代田区●●二丁目○番地１
　　　　氏名　　　　山田　太郎

　相続開始の日　令和元年６月１日

> 戸籍や住民票の
> 記載通りに

　　　　　　　　　　　　　　　記

> 被相続人の
> 死亡日

（不動産）
第１条　相続財産中、次の不動産については、山田幸子　が相続する。

所　　　在　　　渋谷区●●二丁目　　３４番地
家 屋 番 号　　　３０２番２０５
種　　　類　　　居宅
構　　　造　　　木造瓦葺２階建
床 面 積　　　１階　３２．２３㎡
　　　　　　　　２階　１３．２２㎡

> 根拠となる資料
> 通りに記載

所　　　在　　　渋谷区●●二丁目　　３４番地
地　　　番　　　３４番１０
地　　　目　　　宅地
地　　　積　　　３７０．８５㎡
　　　　　　　　持分　１００分の１７

> 金融資産は口座が
> 特定できればよい

（金融資産）
第２条　相続財産中、次の金融資産については、　山田華子　が相続する。

　①株式会社ゆうちょ銀行　通常貯金　０００００－５３２９４２８１
　②株式会社みずほ銀行　　●●支店　普通預金　００００００

　　以下の協議を証するため、この協議書を作成し、各自署名擦印のうえ、各１通を保有するものとする。

　　　　令和　　　年　　　月　　　日

　　　　　　　住　所　横浜市○○区△△町一丁目１２番３号
　　　　　　　氏　名　山田　華子

　　　　　　　署　名　＿＿＿＿＿＿＿＿＿＿＿＿＿＿＿＿＿

戸籍や住民票の
記載通りに

　　　　　　　住　所　横浜市○○区△△町一丁目４５番６号
　　　　　　　氏　名　山田　次郎

　　　　　　　署　名　＿＿＿＿＿＿＿＿＿＿＿＿＿＿＿＿＿

遺産分割で考慮される相続人の2つの権利

　遺産分割を円滑に進めるためには、相続人間の公平性を確保することが不可欠です。しかし、等しい割合で分割したり、法定相続分で分割したりすることが、必ずしも公平性を確保するとは限りません。相続人間の公正性を確保するために検討すべき事項を2つご紹介します。

特別受益

　例えば、父親が遺した3,000万円の相続財産を兄弟2人で分割する場合、1,500万円ずつで分割した方法が一番公平な分け方であるように思えます。

　しかし、兄だけが父親から生活費として1,000万円の贈与を受けていた場合はどうでしょうか？　兄は父親から2,500万円の財産を受け継いだのに対し、弟は1,500万円しか受け継ぐことができなかったと見ることもできます。

　被相続人からの遺贈、または贈与により、相続人が得た特別の利益のことを「特別受益」と呼び、相続財産に持ち戻して分割することがあります。

　つまり、相続財産3,000万円に贈与分1,000万円を持ち戻した4,000万円を等分し、兄は贈与分を差し引いた1,000万円を、弟はそのまま2,000万円を取得する内容にすることで、父親から受け継ぐ財産は兄弟ともに2,000万円となります。

寄与分

　先程の事例で、今度は兄だけが生前父親と同居し、父親の療養看護に努めていた場合を考えてみましょう。療養看護の負担があった自分と弟が同じだけの財産を受け継ぐのには、負担を考えると納得がいかないかもしれません。

　このような相続財産の維持・増加への貢献を「寄与分」と呼び、相続財産から差し引いて分割することがあります。

　兄の貢献分が仮に1,000万円と評価される場合、相続財産3,000万円から貢献分1,000万円を差し引いた2,000万円を等分し、兄は寄与分を加えた2,000万円を、弟はそのまま1,000万円を取得する内容にすることで、兄の父親への貢献も評価してあげることができるでしょう。

権利の主張は慎重に
家庭裁判所で争った結果、法定相続分で終わる場合も

　特別受益も寄与分も相続人に認められた権利ではありますが、安易に主張してしまうのはオススメできません。

　特別受益や寄与分が持ちだされると、取得分が多くなる相続人と少なくなってしまう相続人とで対立してしまい、協議が進まないまま家庭裁判所での遺産分割調停に移らざるを得なくなってしまうことも珍しくありません。

　遺産分割調停も第三者の裁判官が間に入るとはいえ、当事者間の合意が原則ですので、合意が得られぬまま遺産分割審判に移行してしまうこともあります。遺産分割審判では、裁判官が当事者の話を聞いて、遺産分割の割合や内容を判断しますが、法定相続分で分割しなさいという判断になることが一般的です。

　特に事例のように、寄与分として主張されがちな親の介護は、「子の監護義務」の範囲内であるとして、多くの場合寄与分が認められません。

　こうなると、多額の裁判費用だけを費やし、結果として相続する財産が少なくなってしまうことにもつながります。

　自分の権利を主張することはもちろん大切ですが、自分の財産をめぐって子や親族が争うことは故人の本望ではないでしょう。

　まずは、合意を得られるよう遺産分割協議を成立させ、その後の手続きを進められるように整えることが大切です。

●権利の主張は対立を招くことも…

多くもらってもいいはずだ！

相続手続きの頼れる専門家を教えてください

Ａ：専門家によって得意分野は様々です。
サポートが必要な分野に応じて、相続に精通した専門家に相談してみましょう。

相続手続きは多岐に渡るほか、期限が定められているものも多く、適切に手続きを進めるには時間も手間もかかります。

相続は人生に何度もある手続きではありません。専門家に相談することで、手続きの負担を大きく減らすことができるかもしれません。

専門家ごとに、得意分野は様々ですので、それぞれの専門家の得意分野を確認していきましょう。

●相続トラブルは弁護士に

弁護士は法律問題全般に対応できる法律のプロフェッショナルですが、相続手続きの全てを弁護士に依頼してしまうと報酬が高額に

なってしまうことが一般的です。弁護士は法律問題のなかでも、特に紛争問題の解決に精通した専門家であり、相続紛争の解決は弁護士以外の専門家では行うことができません。

相続人同士でもめてしまっている場合や、そのトラブルを事前に回避したい場合は、弁護士に相談しましょう。

相続税務は税理士に

弁護士が法律問題のプロフェッショナルであるのと同様、税理士は税務のプロフェッショナルです。相続財産を評価したり、相続税申告書を作成することは、税理士にしかできません。

なお、医者が内科や外科などに分かれているように、税理士も法人会計が専門だったり、相続税などの資産税が専門だったりと得意分野は様々。相続税についての相談は、相続税に特化した専門事務所に相談しましょう。

税理士は実際に発生した相続に関する相続税申告についてはもちろんのこと、生前からの相続税対策についても相談するとよいでしょう。

登記業務は司法書士に

司法書士は、各種法律の手続き業務に対応することが可能ですが、なかでも法務局での登記業務の専門家です。相続登記はもちろんのこと、民事信託や成年後見の登記のプロフェッショナルです。

相続財産に不動産が含まれている場合や、生前対策として家族信託（民事信託の一種）を活用する場合などに頼れる存在です。

書類の作成は行政書士に

相続手続きを進めるうえでは、相続関係をまとめた相続関係説明図や相続財産目録、遺産分割協議書など、様々な書類を作成しなければなりません。

行政書士はこうした個人の権利や義務に関する書類作成のプロフェッショナルです。

他の専門家と比べると、比較的安価に依頼することができるため、相続手続き全般を任せるうえでは、ピッタリの専門家といえるでしょう。

Ⓐ：相続に強い専門家のネットワークを活用しましょう。

相続手続きを進めるうえでは、特定の専門家のみに依頼するのは得策ではありません。書類作成は行政書士に、相続登記は司法書士に任せ、税申告が必要な場合は税理士、相続トラブルがある場合は弁護士にも相談してみるなど、各分野の専門家を必要に応じて活用することで、手続きの負担も費用も最大限抑えることができます。

このメリットを最大限活かすために、専門家同士で連携している事務所を選ぶことも大切。

自分でそれぞれの専門家を探すこともちろんできますが、それぞれの分野から特に相続に精通した専門家を見つけるのは簡単ではありません。専門家同士の連携のある事務所に依頼すれば、手続きを進めるなかで必要な専門家を紹介してもらうこともできます。

専門家への依頼は費用はかかりますが、手間が省けたり、手続きをミスなく進められたりとメリットも様々。適切に活用し、負担のない相続手続きを進めましょう。

相続に関する疑問・質問

相続人の確認から、遺産分割の方法に関して寄せられる質問・疑問に相続のプロが答えます。

Q 遺言書が2つあります…

A：最新の遺言書に従っての手続きが原則です。

遺言書を作成する場合、自筆証書遺言、公正証書遺言、いずれも作成日の記載をしなければいけません。遺言書が2通ある場合、原則として最新の日付が記載された遺言書の内容に従って手続きを進めていきます。

なお、遺言書が複数ある場合であっても、内容が重複していないのであれば、どちらも有効です。つまり、1通目で「不動産を長男に」、2通目で「不動産を次男に」となっているのであれば、2通目のみが有効となりますが、1通目で「不動産を長男に」、2通目で「預貯金を次男に」となっているのであれば、両者の内容は重複しませんので、どちらも有効な遺言書として手続きを進めることが可能です。

Q 遺言通りに分割しなくてもいいですか？

A：相続人全員の合意があれば分割方法は自由です。

遺言書は故人の最後の意思として、最優先されます。しかし、遺言書通りに分割することで、かえって相続人間でトラブルになってしまう恐れがある場合などは、相続人全員の合意があれば、遺言書の指定に代えて、遺産分割協議によって自由に分割することができます。

なお、遺言で遺言執行者や受遺者（相続財産の贈与を受ける人）が指定されている場合には、遺言執行者や受遺者の同意も得なければ、遺言書と異なる分割はできません。

また、遺言者は遺言のなかで、5年以内の期日を定めて遺産分割を禁止することができます。この場合、相続人などの合意があって

も指定期日を過ぎるまでは遺言書と異なる遺産分割はできません。

Q 相続人と連絡がとれません

A：遺産分割協議までに不在者財産管理人の選任を。

疎遠な相続人と全く連絡がとれないということも少なくありません。相続人や相続財産を調べるのは単独で行うことができますが、連絡がとれないままの相続人がいると、相続人の全員参加が必須の遺産分割協議が進められなくなってしまいます。

こうした場合は、家庭裁判所で不在者財産管理人を選任してもらいましょう（不在者財産管理人の選任申立）。所在不明の相続人に代わって財産の管理・保存を行う役割を果たす不在者財産管理人は、家庭裁判所の許可を得ることで所在不明者に代わって遺産分割協議に参加することが可能になります。

Q 認知症の相続人がいます…

A：遺産分割協議までに成年後見の申し立てを行ってください。

高齢化の進む近年では、相続人のなかに認知症の方がいるケースも珍しくありません。遺産分割協議は法律上の権利に関する「法律行為」ですので、認知症により意思決定を行うことができない方は、参加できません。ですが、遺産分割協議は相続人全員の参加が不可欠ですから、認知症の方を除いて進めることもできません。

こうした場合は、家庭裁判所で成年後見の申し立てを行いましょう。成年後見人は、認知症の方に代わって遺産分割協議に参加することができます。詳しくは家庭裁判所のホームページで確認してください。

なお、遺言書が遺されている場合や、法定相続分で相続財産を分割する場合には、成年後見人をつけずに進めることが可能な場合もあります。

Q 未成年の相続人も遺産分割協議に参加できますか？

Ⓐ：可能であれば成人するまで待つのがよいでしょう。

認知症の方と同様、法的な判断を単独で行うことができない未成年者も、遺産分割協議には参加できません。しかし、未成年者がいる場合は、成人を待ってから遺産分割協議を行うことも可能です。

しかし、相続税申告など、成人するまで遺産分割協議を待っていられない事情がある場合には、原則として親権者などの法定代理人が未成年者に代わって遺産分割協議に参加することになります。ただし、親子が共に相続人になるなど、親権者と未成年者の利益が対立する関係にある場合は、別途、親権者に代わって遺産分割協議に参加する「特別代理人」を家庭裁判所で選任してもらう必要があります。

Ⓠ 葬儀費用は相続財産から出してもいいですか？

Ⓐ：原則は不可。例外的に可能な場合も。

葬儀費用は被相続人の死後に発生する費用ですから、相続の対象となる債務ではありません。法律的には相続財産と別個に考えるべきで、葬儀費用を相続財産から負担することが認められません。

なお、葬儀費用を一旦特定の相続人が負担したうえで、相続人全員の合意の下、遺産分割協議で葬儀費用の負担分を考慮して遺産を分割することは可能です。相続人間のトラブルがない場合には、この方法で精算するのが一般的です。

Ⓠ 遺産分割協議は全員集まらないといけませんか？

Ⓐ：リモートでの遺産分割協議も可能です。

遺産分割協議の成立には相続人全員の合意が不可欠ですが、その方法は問いません。親族それぞれが日本各地や外国に住んでいることも当たり前の現在では、相続人全員で集まって話し合うことが難しい場合もあります。

そのような場合には、メールやweb会議ツールなどを使用して話し合いを進めたうえで、郵送で遺産分割協議への署名・捺印を行いましょう。

第6章

相続の手続き・相続税の申告

お父さん意外と持っていたのね、びっくりしちゃった！

ああ、相続も問題なくできそうだし、あとは税金がかからないか確認しないと

✔

本章解説

該当する人

遺産の分割が
確定したら

相続手続きを進めましょう

遺産分割協議で各自の相続分が確定したら、遺産分割協議の内容に基づいて相続財産の名義変更や、相続税の計算・申告・納付を済ませましょう。

●**遺産分割協議成立後の流れ**

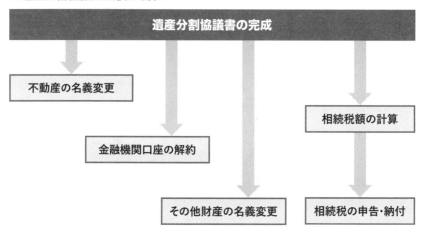

遺産分割協議書の完成

不動産の名義変更

金融機関口座の解約

相続税額の計算

その他財産の名義変更

相続税の申告・納付

相続税の納税額を計算しましょう

遺産分割協議が成立し、各相続人の取得財産が確定したら、各相続人ごとの納税額を計算しましょう。財産の取得割合によって納税額が異なるのはもちろんのこと、特定の相続人のみが利用できる特例や控除によって、納税額を大きく減らすことも可能です。

相続税を申告・納付しましょう

納税の準備が整ったら、相続税の申告書を作成し、申告と納付を行いましょう。

相続税は、「申告も納付も不要な人」、「申告は必要だが、納付は不要な人」、「申告も納付も必要な人」と人によって対応方法は様々です。

自分がどのパターンに当てはまるのか、確認しておきましょう。

不動産の名義変更を行いましょう

　不動産を相続する人は、不動産の名義を変更する「相続登記」を行う必要があります。従来は任意だった相続登記ですが、2024年4月からは義務化となります。相続登記を行わないと、不動産の売却などができません。
➡不動産の名義変更については190ページへ

金融機関で口座の解約を行いましょう

　金融財産を取得する人は、被相続人名義の預金口座からご自身の口座に移したり、まとめる手続きが必要です。財産の種類によっては、新しく口座を開設したり、売却したうえでその売却金を受け取る必要があるケースもありますので、手続き方法は各金融機関に確認して進めるようにしましょう。
➡金融財産の口座解約については188ページへ

その他の財産の名義変更を行いましょう

　不動産や金融財産以外の財産（動産）の多くは、特別な手続きを経ることなく相続することのできるものが一般的ですが、自動車のように、名義変更が必要な財産もあります。
➡自動車の名義変更は186ページへ

ポイント

手続きを進める順番は？

　相続税の申告に関わる手続きはできる限り早く進める必要がありますが、その他の財産は「これからやらなければ」という順番はありません。
　納税資金の捻出のために不動産を売却する場合は相続登記から、相続する現金で支払える場合は金融機関の解約からなど、その後の手続きに応じて、どの手続きから着手するべきか判断していきましょう。

相続税申告の基礎知識

相続税は、納税者自身が納税額を計算し、納付する「申告
納税方式」を採用しています。正しく相続税額を計算する
ためのポイントを確認していきましょう。

相続人の誰もが使える相続税の非課税枠「基礎控除」とは

　相続税は、相続財産の全てについて課せられる税金ではありません。相続税
法上、一定額までが非課税とされており、その非課税枠を上回る場合のみ、そ
の超過分に対して相続税が課せられます。

　この、相続税の非課税枠を、「基礎控除」と呼びます。

●基礎控除額の計算方法

基礎控除額
3,000万円＋600万円×法定相続人の数

　基礎控除額は、このような計算式で求められます。この式からも分かるように、
相続税の申告が必要かどうかは、相続人の人数によって変わり、相続人の数が多
ければ多いほど、相続税の基礎控除額も大きくなります。

　法定相続人の数には、相続放棄をした人や養子も含まれます。ただし、養子を
含めて基礎控除額を計算する場合、法定相続人の数に含むことができる養子の
人数は、実子がいる場合は1人、実子がいない場合は2人と、上限が設けられて
います。

　この基礎控除により、最低でも3,600万円が非課税となりますので、この基礎
控除額を上回り、相続税の申告が必要となるのは、相続人全体の1割未満です。

　基礎控除内に収まるかを判断するためには、相続人と相続財産をきちんと確認
する必要がありますので、余裕をもって取り組むようにしましょう。

遺産分割の対象ではないのに、相続税の課税対象？
相続税の課税対象「みなし相続財産」に注意しましょう

　相続財産の総額が、基礎控除額を上回る場合に相続税の申告が必要となりますが、この「相続財産」の考え方には注意が必要です。

　第5章「相続手続きの基礎知識（134ページ）」で解説したように、相続の対象となる財産は原則として一身専属権を除く、被相続人が生前所有していた一切の権利義務です。つまり、被相続人の死亡によって相続人などが取得する死亡退職金や死亡保険金は、相続財産ではありません。

　しかし、相続税法上、これらの財産は相続財産と同様の経済的価値を持つ財産として相続財産に含めて計算しなければなりません。

　生命保険金や死亡退職金が相続財産やみなし相続財産にあたるかどうかは、契約の内容や個別の商品内容によって異なります。きちんと確認せずに申告をしてしまうと、ペナルティを課されてしまう可能性もありますので、注意が必要です。

相続の対象となる財産

・土地
・家屋
・借地権
・預貯金
・株式
・家財道具
　　　　　など

相続税の対象となる
みなし相続財産

・死亡退職金
・死亡保険金
　　　　　など

非課税財産

・墓地
・墓石
　　　　　など

相続税の申告期限は10ヶ月
期限超過によるペナルティに注意しましょう

　相続税の申告・納付には「被相続人が亡くなった日の翌日から10ヶ月以内」の期限が設けられています。この期限のうちに、納税額をご自身で計算し、申告と納付を済ませなければいけません。

　期限内に正しく納税を行わなかった場合、ペナルティを課せられる可能性があります（下記参照）。相続税申告は、迅速で確実な対応が不可欠です。

　相続税の申告の期限は、特別な事情の下では延長が認められる場合がありますが、「相続人や相続財産が分からない」「遺産分割協議がまとまらない」といった事情では認められません。このような場合でも、判明している相続人や相続財産の内容で、法定相続分による申告・納付を済ませるようにしましょう。

　後から申告内容を修正し、正しい税額を納付することで課されるペナルティを少なくすることができます。

●相続税申告に関するペナルティ

延滞税

　期限内に申告しなかった場合に課される。相続税の利息に相当する最大で年率14.6％の税金。

過少申告加算税

　申告内容に漏れがあった場合に課せられる。早めに修正すれば課せられない場合もあるが、税務調査後だと15％前後の税金。

無申告加算税

　正当な理由なく期限内に申告・納付を行わなかった場合に課される。税務調査前であれば5％、税務調査後だと最大40％の税金。

重加算税

　無申告や過少申告に隠蔽・偽装があるといった悪質な脱税行為に対して課せられる。過少申告であれば35％、無申告の場合は40％の税金。

相続税の税率は金額に応じた累進課税

　相続税の税率は一律ではありません。相続財産の合計額が大きければ大きいほど、課せられる相続税率も高くなる「累進課税制度」が用いられています。この累進課税制度の下で、最大55%の相続税率が課せられます（下記表参照）。

　相続発生後に様々な特例や控除を用いることで相続財産の評価を下げることができますが、相続税の対象となる財産そのものを減らすためには、生前からの対策が不可欠。相続税の基礎控除とは別に控除枠が設けられている生命保険を活用したり、アパート建設などで現金を不動産に変えて評価額を下げるなど方法は様々です。

●**相続税率早見表**

法定相続分に応ずる取得金額	税率	控除額
1,000万円以下	10%	-
3,000万円以下	15%	50万円
5,000万円以下	20%	200万円
1億円以下	30%	700万円
2億円以下	40%	1,700万円
3億円以下	45%	2,700万円
6億円以下	50%	4,200万円
6億円超	55%	7,200万円

相続税の計算をしましょう

納付すべき相続税の金額を正確に計算するのは至難の業。
申告額算出のための正確な流れを把握し、過不足なく申告
できるようにしましょう。ステップごとに解説します。

ステップ1. 課税対象となる相続財産の合計額を計算しましょう

　相続税の計算は、課税対象となる財産の合計額を出すことから始めます。
課税対象となる相続財産は、預貯金や不動産などの財産だけではありません。
生命保険金や死亡退職金といった「みなし相続財産」（「相続税の申告の基礎知
識」参照）や、相続時精算課税制度を利用した贈与も含めて合計額を計算する
必要があります。

　この合計額から、マイナスの財産や控除対象の財産、非課税財産を差し引い
た金額に、暦年課税の贈与があった場合、生前贈与の持ち戻し3年分（2024
年から段階的に最大7年分に延長）を加算した金額が相続税上の遺産総額（正
味の遺産額）となります（206ページ参照）。

　この正味の遺産額から、相続人の人数に応じた基礎控除額を差し引いた金額
が、相続税の課税対象です。この金額が0円であれば、相続税の申告も納付も
必要ありません。

●①課税対象となる相続財産の合計額を計算する

（1）相続財産・みなし相続財産・相続時精算課税制度の対象贈与を合算し、遺産総額を計算する。

預貯金や有価証券、 不動産などの相続財産	生命保険、死亡退職金などの みなし相続財産	相続時精算課税制度を 利用した贈与分

（2）遺産総額からマイナスの財産や控除対象の財産、非課税財産などの課税対象外の財産を差し引く。

	借金・ローンなど マイナスの財産	葬式費用など 控除対象の財産	仏壇などの 非課税財産

（3）　（1）と（2）の差額に、暦年課税対象となる相続開始前3年（7年）以内の贈与財産を合算して正味の遺産額を計算する。

（1）と（2）の差額	3年(7年)以内 の持ち戻し分※	※暦年課税による贈与を利用した場合、もしくは 利用した時期があった場合

（4）正味の遺産額から基礎控除額を差し引いて課税対象となる相続財産合計額を計算する。

課税対象	基礎控除

ポイント

相続時精算課税制度とは?

相続時精算課税制度とは、父母や祖父母から子・孫に対して行われる贈与のうち、合計2,500万円までの贈与税を非課税とし、相続発生後に相続財産に持ち戻して相続税の課税対象とする制度です（208ページ参照）。

2023年の税制改正により、年間110万円までの非課税枠（基礎控除）が新設され、節税効果が高まりました。なお、相続時精算課税制度を選択した場合、これまでの暦年課税に戻すことはできませんので、注意が必要です。

ステップ2. 相続税の総額を計算しましょう

課税対象となる相続財産の合計額が計算できたら、その合計額を各相続人が法定相続分に応じて取得したものと仮定して、それぞれ所定の税率と控除額を計算して、法定相続分に応じた税額を計算します。

ここでの計算は、実際の取得分は関係ありません。あくまで法定相続分で取得したものと仮定して計算した相続人ごとの税額の合計額が、その相続における相続税の総額となります。次のステップで具体的に相続税額を計算します。

●②相続税の合計額を計算する

（例）課税財産総額4,000万円を3人（妻、子2人）で分割する場合

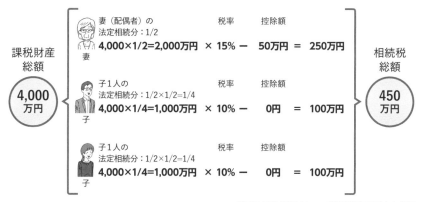

税率と控除額は181ページ相続税率早見表を参照

183

ステップ3. 各相続人の実際の取得分に応じた、相続人ごとの相続税額を計算します

●③実際の取得分に応じて相続人ごとの納税額を計算する

（例）課税財産総額4,000万円を3人（妻、子2人）で分割する場合

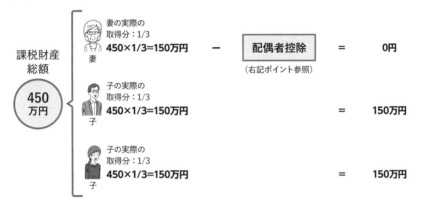

　相続税の合計額が分かったら、実際の取得分に応じて納税額を計算していきます。生命保険金や死亡退職金の非課税枠や、相続税の基礎控除といった相続人全員に共通する税額控除はステップ1の段階で差し引きますが、配偶者の税額控除や未成年者控除といった相続人それぞれの個別の状況に応じた税額控除（右ページ参照）については、このステップ3の段階で差し引きます。各種控除を適用した結果、税金が0円になった場合、納付は必要ありませんが、「控除・特例を使用した結果0円になった」旨の申告が必要です。

税額加算も忘れずに計算を

　相続税には、様々な税額控除が設けられていますが、一方で相続税が加算される場合もあります。

　特に、1親等の血族や配偶者以外が相続する場合（兄弟相続の場合や、実子がいる場合の孫養子、遺贈による財産の取得など）には、相続税額が2割加算されます。加算される場合には、ステップ3の段階で、計算する必要がありますので、加算対象となるかどうかは事前に確認しておきましょう。

ポイント

7つの税額控除を利用してさらに控除する

配偶者控除（配偶者の税額軽減）

被相続人の配偶者の相続分については、法定相続分に応じた金額又は1億6,000万円のいずれか大きい金額までが非課税となります。

未成年者控除

未成年者である相続人については、「相続時の年齢と満18歳までの年齢の差」×10万円までの金額が非課税となります。

障害者控除

障害者である相続人については、「相続時の年齢と満85歳までの年齢の差」×10万円（一般障害者）又は20万円（特別障害者）までの金額が非課税となります。

相次相続控除

相続開始前の10年以内に、被相続人が別の相続で相続税の支払いをしていた場合に、一定金額が相続税額から控除される制度です。

外国税額控除

相続財産が外国にあり、外国の相続税に相当する税金が課せられる場合に、一定金額が相続税額から控除される制度です。

暦年課税分の贈与税額控除

原則相続財産への持ち戻しの対象となる3年分（2024年からは段階的に最大7年分）の贈与について（206ページ参照）、贈与税を支払っている場合には、相続税の課税価格に加算された金額に対応する贈与税額が控除の対象となります。

相続時精算課税分の贈与税額控除

相続時精算課税制度を利用した贈与財産について、支払っている贈与税がある場合には（208ページ参照）、その金額を相続税額から控除することができます。

✓ 10ヶ月以内

該当する人

自動車を
引き継ぐ場合

自動車の名義を変えましょう

相続財産に自動車が含まれている場合、相続人に名義を移してからでないと、売却したり、廃車にすることができません。

● **自動車の名義変更の流れ**

5章にて解説

自動車の所有者を 確認する
車検証などから自動車の 所有者を確認する

↓

遺産分割協議で 自動車の取得者を決める
遺産分割協議で自動車 の取得者を決め、遺産分 割協議書を作成する

↓

必要書類を集める

※右ページポイント参照

↓

陸運局・運輸局又は 軽自動車検査協会で 名義変更を行う

取得が決まったら15日以内に
名義変更を行いましょう

　自動車の名義変更を行うためには、原則として新たな取得者についての記載のある遺言書や遺産分割協議書が必要になります。そのため、相続発生後すぐに名義変更が行えるわけではありません。

　右ページのポイントのように、手続きに必要な書類は大きく分けて①普通自動車を相続する場合、②査定金額100万円以下の普通自動車を相続する場合、③軽自動車を相続する場合、で異なります。

　なお、②査定金額100万円以下の自動車の名義変更については、遺産分割協議書に代えて取得者のみの実印で足りる遺産分割協成立申立書で手続きができます。

　自動車の名義変更は、普通自動車については陸運局（運輸局）で、軽自動車については軽自動車検査協会で行います。平日しか対応していないことが多いので、時間を確保して手続きを行うようにしましょう。

普通自動車を相続する場合

- 被相続人の自動車検査証（有効期限があるもの）
- 被相続人の死亡の記載のある戸籍謄本
- 相続人の戸籍謄本
- 取得者の印鑑証明書：市区町村役場の役場で取得
- 取得者の車庫証明書：管轄の警察署で取得
  ※車の保管場所に変更がなければ不要な場合も
- ナンバープレート：運輸局で取得
  ※管轄が変わる場合のみ
- 遺産分割協議書

普通自動車（100万円以下）を相続する場合

- 被相続人の自動車検査証（有効期限があるもの）
- 被相続人の死亡の記載のある戸籍謄本
- 相続人の戸籍謄本
- 取得者の印鑑証明書：市区町村役場で取得
- 取得者の車庫証明書：管轄の警察署で取得
  ※車の保管場所に変更がなければ不要な場合も
- ナンバープレート：運輸局で取得
  ※管轄が変わる場合のみ
- 遺産分割協議成立申立書：運輸局HPから取得
- 査定金額100万円以下であることを証する査定書

軽自動車を相続する場合

- 被相続人の自動車検査証（有効期限があるもの）
- 取得者の住民票（発行から3ヶ月以内）
- ナンバープレート：運輸局で取得
  ※管轄が変わる場合のみ
- 軽自動車税申告書
  ※手続き当日に検査協会隣接の税事務所等で取得
- 取得者の実印

該当する人

預貯金・有価証券
を引き継ぐ場合

金融機関の口座を
解約しましょう

相続開始後、被相続人の預金口座は相続人からの連絡によって凍結されてしまいます。凍結を解除し、預貯金の移動ができるようにするためには、口座を解約する必要があります。

●口座解約の流れ

5章にて解説

**被相続人が所有する
口座を把握する**

財産調査をきちんと行い、被相続人の財産を把握する

↓

**遺産分割協議で金融財
産の取得者を決める**

遺産分割協議で金融財産の取得者を決め、遺産分割協議書を作成する

↓

必要書類を集める

※下記参照

↓

**各金融機関の窓口又は
郵送で手続きを行う**

・金融機関所定の解約移管依頼書
・被相続人の出生から死亡までの
　全ての戸籍謄本
・相続人全員の戸籍謄本
・相続人全員の印鑑登録証明書
・被相続人の通帳やキャッシュカード
・遺産分割協議書　など

凍結口座の解除には、口座解約と株式の移管が必要

遺産分割協議が成立し、預貯金や株式などの取得者が決まったら、各金融機関に対して、必要書類とともに口座の解約や株式の移管を申請する必要があります。具体的な必要書類は金融機関によって異なりますが、おおむね左記の流れの通りです。

必要書類のうち、印鑑登録証明書については発行から3ヶ月又は6ヶ月以内といった期限内のものが必要になることが一般的ですので、 事前に各金融機関で、確認しておきましょう。

手続きから数週間程度で解約が完了し、相続人の指定口座に預貯金の払い戻しや株式の移管がなされます。

ゆうちょ銀行と株式の手続きに注意！

　預貯金口座を解約し、払い戻しを受ける場合の指定口座は、基本的に同一の金融機関でなくても構いません。例えば、信用金庫の口座を解約し、銀行口座に入金してもらうことも可能です。

　しかし、ゆうちょ銀行については、ゆうちょ銀行の口座しか入金先に指定することができません。ゆうちょ銀行に口座を持っていない場合には、新しく口座を開設するか、払戻証書による現金受け取りの方法があります。

　また、株式についても、同じ証券会社内の口座にしか移管することができません。仮に売却するつもりであっても同様です。

　同じ証券会社内に口座を持っていない場合には、移管依頼書を取得する際に、併せて口座開設書類も取得するとよいでしょう。

口座凍結中であっても、一定金額までは仮払いが可能

　例えば葬儀費用の支払いのために、まとまった金額が必要な場合など、口座凍結後に大きな金額が必要となることは少なくありません。こうした場合に、凍結中の口座であっても一定額を引き出すことのできる制度が2019年から始まっています。

　各相続人は、1金融機関あたり最大150万円を限度として、以下の計算式から算出される限度額まで、仮払いを受けることができます。

$$仮払い限度額＝預金残高×法定相続分×1/3$$

　この仮払い制度については、相続人全員の合意は不要であり、各相続人が個別に手続きをすることができます。

　なお、遺言による相続の場合など、仮払い制度を利用できない場合もありますので、仮払い制度の利用を検討する場合には、事前に各金融機関に利用可能かどうかを確認するようにしましょう。

10ヶ月以内

該当する人

不動産を
引き継ぐ場合

不動産の名義を変えましょう

相続した不動産を活用するためには、相続登記が不可欠です。2024年からは相続登記の義務化も始まります。

●名義変更（登記）の流れ

5章にて解説

**被相続人が所有する
不動産を把握する**

財産調査をきちんと行い、被相続人の財産を把握する。

↓

**遺産分割協議で
不動産の取得者を決める**

遺産分割協議で不動産の取得者を決め、遺産分割協議書を作成する。

↓

必要書類を集める

※下記参照

↓

**法務局の窓口又は
郵送で手続きを行う**

※オンライン申請も可能

・登記申請書
・被相続人の出生から死亡までのすべての戸籍謄本
・相続人全員の戸籍謄本
・相続人全員の住民票
・遺産分割協議書
・相続人全員の印鑑登録証明書

2024年4月から
相続登記の義務化がはじまります

相続により不動産を取得したら、名義変更を行いましょう。不動産の名義変更を行うには、法務局での相続登記が必要です。

不動産を売却するためには売主が登記名義人である必要があるため、登記は不可欠ですが、それ以外の場合は登記を行う必要性が低いため、相続登記がされないまま放置されてしまっている不動産が数多く存在します。

その結果、所有者が不明な土地が増加するなどの弊害も大きくなったため、2024年（令和6年）4月から相続登記が義務化されることになりました。

相続登記の義務化は2024年4月以前に発生した相続についても対象となり、不動産の取得を知った日から3年以内に正当な理由なく相続登記を行わなかった場合は、10万円以下の過料が課せられます。

相続登記の際は、登録免許税の納付も必要です。

相続登記の申請時には、登録免許税の納付も忘れずに

　相続に限らず、不動産の登記を行う場合には、法務局に対して登録免許税を納付する必要があります。相続登記における登録免許税額は「固定資産税評価額の0.4％」ですので、売買や贈与による所有権の移転（固定資産税評価額の20％）と比べると安価ではありますが、固定資産税評価額が大きいと、0.4％とはいえ、納めるべき登録免許税の金額は大きくなります。

　なお、2025年3月31日までの限定的な措置として、相続登記が行われないまま、二次相続（Aの土地を相続したBが登記前に死亡し、Cが取得した場合など）が発生している土地や、死亡した個人を登記名義人とする登記（AからBへの移転登記）については、登録免許税が免除されます（BからCへの移転登記については登録免許税の納付が必要）。

　また、固定資産税評価額が100万円以下の土地についても、2025年3月31日までの限定的な措置として、登録免許税が免除されています。

ポイント

いらない土地を国に引き取ってもらえる？
「相続土地国庫帰属制度」もスタート！

　2024年4月の相続登記の義務化に先駆けて、2023年4月より、相続した土地を国に引き取ってもらうことができる「相続土地国庫帰属制度」が始まりました。

　この制度を利用することで、相続したものの利用することのない土地を国に引き取ってもらうことができるようになりました。しかし、帰属が認められる土地には要件があるほか、引き取る際に審査手数料と管理費用相当の負担金を納める必要があるため、簡単に利用できる制度ではないのが実情です。

　2023年10月には、富山県で全国初となる国庫帰属が実現しました。所有者土地国庫帰属制度の活用を通じて、所有者不明土地問題の解消と、土地の有効な利活用が期待されています。

10ヶ月以内

該当する人

相続財産総額が
基礎控除を
超えた場合

相続税の申告を行いましょう

相続税の申告までで、期限のある手続きは大詰めです。10ヶ月の期限内に、正しく申告・納付を済ませましょう。「うっかり忘れていました」は通用しません。

●相続税申告の流れ

5章にて解説

```
┌─────────────────┐
│ 相続人を調べる     │
└─────────────────┘
        ↓
┌─────────────────┐
│ 相続財産を調べる   │
└─────────────────┘
        ↓
┌─────────────────┐
│ 相続財産を評価する │
└─────────────────┘
        ↓
┌─────────────────┐
│ 遺産分割協議を行う │
└─────────────────┘
        ↓
┌─────────────────┐
│ 相続税申告書を     │
│ 税務署で取得する   │
└─────────────────┘
│「申告の手引き」も   │
│ 忘れずに取得する   │
        ↓
┌─────────────────┐
│ 被相続人の住所地の │
│ 管轄税務署に       │
│ 直接又は郵送で提出する │
└─────────────────┘
│ 申告期限内の消印があ │
│ れば期限内の申告扱いに │
│ なる               │
```

申告は税務署がサポートしてくれます
難しい場合は税理士に相談も

　相続税の計算が終わり、相続税申告の準備ができたら税務署で申告書を取得しましょう。

　相続税の申告書は第1表から第15表まであり、記入すべき申告書は相続財産の内容や相続人の構成・状況によっても異なります。

　詳しくは、税務署で相続税の申告書を取得する際にもらえる「申告の手引き」を確認しながら進めましょう。また、相続税の申告書の書き方を税務署で相談することも可能です。

　しかし、相続税の計算は、方法によって納税する金額は変わります。また、間違って多くの税金を納めても税務署から過払い分を返金してくれることはありませんし、税務署での相談で税金を安くする方法まで教えてもらえません。

申告期限後の修正は可能？
相続税の「修正申告」と「更正の請求」

　相続税の申告と納付は、相続が発生したことを知った日の翌日から10ヶ月以内に行わなければなりません。しかしながら、相続税の申告後に新たな財産が判明し、相続税の金額が変わってしまった場合など、提出した相続税申告書の内容を申告期限後に修正する必要が生じてしまうことがあります。

　納付すべき税額よりも少ない金額で申告していた場合には「修正申告」を、過分に納めていた場合には「更正の請求」を行います。申告後に、税務署から納税額の不足を指摘されてしまうと、不足分の税金に加え、過少申告加算税や重加算税を課税されることがあるので注意が必要です。

　なお、税務署から税務調査の通知がなされるまでに正しい金額で修正申告をした場合には、過少申告加算税が免除されます。

　修正申告の場合はもちろんのこと、相続税の申告において、正確な納税額を算出するのは困難を伴います。

　ペナルティなどが心配な方は相続税に精通した税理士に相談することも検討しましょう。

　なお、修正申告の期限は、納税期限経過日の翌日から5年間になります。修正箇所に気が付いた場合は早めに修正申告を行うようにしましょう。

 ポイント

遺産分割協議書がまとまらなくても、
期限内に申告をしましょう！

　「相続税の計算をしましょう」（182ページ参照）でも解説したように、相続税申告のためには各相続人ごとの取得割合が決まっている必要があります。

　しかし、「遺産分割協議がまとまらないまま期限ギリギリ」というケースも少なくはありません。

　そのような場合でも法定相続分で各相続人が取得したものとして、いったん申告を行いましょう。その後、遺産分割協議がまとまってから取得割合に応じて申告しなおすことで、課されるペナルティの額を最小限に抑えることができます。

相続の手続きや相続税で寄せられる疑問や質問にプロが答えます。

Q 領収書が無くても葬儀費用は控除できますか？

A：メモなどで支払い先と金額が分かれば大丈夫です。

葬儀費用は領収書を受け取ることが一般的ですが、葬儀費用と同じく控除対象となるもののなかには、お布施など、領収書が発行されない支払いもあります。

このように、領収書が無かったり、なくしてしまったりした場合でも、メモなどで、誰が何についていくらを支払ったのかをわかるようにしておきましょう。

このようなメモがあれば、領収書に代えて、相続財産から差し引いて計算することが可能になります。

Q 子どもよりも配偶者に相続させる方がいいのですか？

A：二次相続も見据えたシミュレーションを。

相続人のなかでも、配偶者には1億6,000万円又は法定相続分のいずれか大きい金額までは相続税が非課税となる「配偶者控除」が設けられており、相続税額を大きく減らすことができます。

この制度はかなりお得な制度ではありますが、必ずしも「子どもよりも配偶者に相続させる方がいい」とは限りません。配偶者控除を利用することで相続税額を下げることはできますが、その後、その配偶者の方が亡くなってしまった場合、その財産は全て子どもが相続することになります。この2回目の相続（二次相続）では、配偶者控除を利用できる方がいないため、かえって相続税額が高くなってしまうこともあります。

控除や特例の利用は、二次相続も見据えた検討が必要です。

Q
納税できるだけの現金がありません。

A：相続不動産の売却も含め資金の捻出を検討しましょう。

相続財産の金額が大きい場合、特例や控除を上手に利用しても、なかなか相続税額を減らすことができず、納税のための資金捻出が難しい場合があります。

その場合、まずは相続財産に含まれる不動産を売却するなどして、預貯金などとあわせて資金を確保することを検討しましょう。

万が一、どうしても資金を捻出することが難しい場合には、分割払いで相続税を納付する「延納」や、現金以外の財産で納付する「物納」が認められる場合もあります。しかし、簡単に認めてもらえる方法ではありませんので、可能な限り、現金での一括納付を目指しましょう。

Q
相続した財産の売却時にも税金はかかりますか？

A：譲渡所得税の納付が必要。ただし特例も。

相続によって取得し、相続税を納めた財産であっても、売却する際には、譲渡所得税が課せられます。ただし、このような相続財産については、相続税の申告期限の翌日から3年以内の譲渡に限り、譲渡所得税が一定金額免除される「相続税額の取得費加算の特例」が設けられています。

この制度を利用することで、譲渡所得税を下げることができますが、利用には確定申告が必要になりますので、注意が必要です。

Q
形見分けの財産も相続税の対象ですか？

A：原則は課税対象。特に高価なものは注意が必要です。

相続税は資産価値のある財産に限らず、多くの財産が課税対象となります。形見分けされた財産も例外ではありません。

しかし、形見分けされるものについては、被相続人との関係性のなかで価値が見いだされるものがほとんどで、一般的な資産価値が認められないものも少なくありません。そのような財産については、相続税の課税がほとんどなされていないのも実情です。

なお、形見分けされる財産が美術品や骨とう品など、資産価値が認められる場合には、当然相続税や贈与税の対象となりますので、注意が必要です。

Q
相続税申告時に必要な書類はありますか

A：相続人全員のマイナンバー確認書類が必要です。

相続税の申告時には、申告書のほか、相続関係を証明する戸籍謄本類や遺産分割協議書、相続人全員分の印鑑登録証明書や財産根拠書類など、これまでの手続きでも必要だった書類を一緒に提出する必要がありますが、併せて「相続人全員のマイナンバー確認書類」を忘れずに用意しましょう。

マイナンバー確認書類とは、マイナンバーカードのほか、個人番号通知書や通知カードでも構いません。マイナンバーカードを取得しておらず、通知書や通知カードも見当たらない場合には、マイナンバー記載の住民票を提出することで代用が可能です。財産調査などで使用した住民票はマイナンバーが記載されていないものであることが一般的です。その場合は、別途マイナンバーが記載された住民票を取得しましょう。

第 7 章

生前対策

息子さん。無事に終わらせることができたようですね。ここからは、生前から準備することで、その後の手続きをスムーズに進められる方法を解説します

本章解説

該当する人

全員

生前対策を考えましょう

生前対策は、本人と家族の双方にとって有意義なものです。元気なうちに、ぜひ生前対策を始めましょう。

生前対策でできること

　将来の家族の方向性を決めるために、生前対策をすることはとても大切です。例えば、老後の住まいや介護などの生活スタイルを決めたり、家族に残す財産の方針を決めることは、残された家族の負担を減らすことにつながります。将来、自宅に家族がそのまま住み続けられるようにするのか、もしくは売却するのかなど、家族の間で決めておくことが重要です。

　特に、「いざというときに残された家族に迷惑をかけたくない」などの考えを持っているのであれば、生前対策をしておくのがよいでしょう。

　一口に生前対策と言っても、様々なものがあります。

　例えば、将来の財産の分け方を生前のうちに決めておく遺言書や、財産を生前に渡しておく生前贈与などが挙げられます。

　ここでは主な生前対策について解説していきます。

財産の整理、分配を考えましょう

　家族や親族のために自身の財産を誰にどう分配するかを書き記すのが遺言書です。遺言書を残すことで前もって財産の分け方を決めることができます。主に自筆証書遺言、公正証書遺言などがあります。

　生前に行う贈与の総称を生前贈与といいます。基本的に生前贈与を行うと相続税の代わりに贈与税がかかりますが、一定の条件で非課税とすることができます。

　また、遺言書の作成など、将来の遺産相続のためにも、生前から家族内で推定相続財産を把握、整理しておくことが大切です。

　次は整理すべき推定相続財産について説明します。

➡遺言書は200ページへ、生前贈与は206ページへ、推定相続財産は210ページへ

自宅に関する様々な制度の活用を検討しましょう

生前からの生活の補助、死後の整理など自宅を対象とした様々な制度があります。

➡自宅については212ページへ

介護の方針を決めましょう

介護はご家族にとっても大きな問題です。いざというときに慌てないためにも、日頃から将来の介護の方針などを話し合いましょう。

➡介護については215ページへ

信託を検討しましょう

自分の財産を、信頼できる人に託して管理・処分してもらいます。信託は商事信託と民事信託(家族信託)があります。

➡信託については218ページへ

死後事務委任契約を結んでおく

生前に死後事務委任契約を結ぶことで、死後に葬儀の手配や介護施設の退所手続きなどの事務手続きをスムーズに行ってもらえます。

➡死後事務委任契約については220ページへ

身元保証を考えましょう

家族が対応できない場合、身元保証人を手配することで、介護施設に入居の際や病院の入退院の際などの手続きが円滑に進みます。

➡身元保証人については222ページへ

遺言書の作成を考えましょう

遺言書は民法によって書き方が決まっており、正しく作成しなければ、無効となることもあります。2023年の時点では、公正証書遺言での作成件数は年間11万件以上あります。

遺言書の種類

●自筆証書遺言

自筆証書遺言は、自分自身で作成できるため費用がかかりません。また、いつでも作成・更新することができます。しかし、手軽な反面、遺言書が見つかった際に内容の改ざんや破棄の恐れがあるなど、後々有効性が問題になることがあります。それだけに、遺言書が数枚に渡る場合の割り印や、修正や追記の方法も決められています。

また、自筆証書遺言を実際に執行する際には、裁判所の検認の手続きが必要となります。

●自筆証書遺言（法務局保管）

自筆証書遺言書において、2020年7月10日より施行された自筆証書遺言書保管制度を利用すると、自筆証書遺言の検認手続きが不要になりますが、法務局はあくまで保管のみであり、内容の審査までは行いません。

●公正証書遺言

公正証書遺言は、公証事務を担う公証人が作成に関わるため費用がかかりますが、あらかじめ公証人が内容を確認するため最も確実に遺言を残すことができます。また、家庭裁判所の検認の手続きも不要です。

作成の際は、公証人の他に利害関係のない第三者の証人2名の立会いが必要です。また、遺言者本人が病床で外出できないときは、公証人が出張もしてくれます。作成された遺言は公正役場で保管されるため、紛失の恐れもありません。そのため最も確実な方法と言えます。

●秘密証書遺言

秘密証書遺言は、自筆証書遺言と公正証書遺言の中間的な性質を持つ遺言書で、内容を秘密にしたまま、存在のみを証明することができます。作成した遺言書を封筒に入れ、公証役場で封印し、その後は検認の手続きが必要です。年間でも全国で100件ほどであり、あまり利用されてはいません。

遺言書の条件

遺言書作成の前提として主に以下のような条件が必要です

必須条件

・満15才以上であること
・認知症でないなど、意思決定の能力があること※
・相続人（子どもなど）からの強制によって作成したものではないこと

※認知症であっても、事理弁識能力を一時的に回復した場合は、成年後見人と医師2人以上の立会いのもと、特別方式により成年被後見人の遺言を作る事ができます。

なるべく必要な条件

・手が動くこと、目が見えること、耳が聞こえること
・1～2時間の打ち合わせができること

ポイント

日本公証人連合会

https://www.koshonin.gr.jp/
公証人の利用に関する問い合わせ

用語解説 ……………

公証人

公正証書遺言など公文書の作成を公権を根拠にして証明・認証する人を指す。基本的に全国に設置された公証役場で文書を作成する。

遺言書の作成

具体的に自筆証書遺言と公正証書遺言の例を掲載します。

遺言書作成の共通ポイント

① 遺言者と、財産を貰い受ける人との関係性がわかるように語尾の表現に注意
してください。

　　・推定相続人に渡す場合　　　→　　「〜を相続させる」

　　・推定相続人以外に渡す場合　→　　「〜を遺贈する」

　　・公益事業等に寄付する　　　→　　「〜を遺贈する」

② 遺言書には以下の目的で付言事項※を記載することができます。

　　・家族への感謝の気持ちなどのメッセージ

　　・遺言作成に至った経緯や内容の説明・補足

　　・葬儀や埋葬方法の希望など、死後に気になることなど

※付言事項には法的な拘束力はなく、あくまで補足的なものである点には注意が必要です。

③ 日付は作成時の年月日を記載します。「令和〇年〇月吉日」のような記載はで
きません。

④ 遺言の内容を確実に実現するために、遺言執行者を指定しておきましょう。

用 語 解 説 ……………………

遺言執行者

遺言書の内容を実現する役目を持つ
人。未成年もしくは破産者でなければ
なること可能だが、専門的な知識を必
要とする場面もあるため弁護士や司法
書士、もしくは信託銀行などの法人に
依頼することが多い。

自筆証書遺言の作成

自筆証書遺言の作成のポイントは以下になります。

① 自筆証書遺言は自書する必要があるので、基本的には手書きでの作成となります※。

※2019年1月13日より、財産目録についてはパソコンなどの手書き以外の方法で作成することもできるようになりました。

② 遺言書が複数枚になる場合には割印が必要です。

●遺言書サンプル

遺言書

私は次の通り遺言する。

一、長男相続太郎（生年月日）に以下の不動産を相続させる。
　　〇〇市〇〇区〇〇一丁目一番地一
　　家屋番号　一番一の建物

二、長女相続花子（生年月日）に一以外の全ての不動産を相続させる。

三、金融資産の内、長男相続太郎に5分の2を、長女相続花子に5分の3を相続させる。

四、遺言執行者として〇〇を指定する。

付言　身近で面倒を見てくれる花子に配慮をした上で、大切な兄妹が平等となるように考えました。今後とも、兄妹仲良くお願いいたします。

令和〇年〇月〇日

〇〇市〇〇区〇〇二丁目二番地二

相続一郎　　㊞

公正証書遺言の作成

公正証書遺言の作成のポイントは以下になります。

① 公正証書遺言の作成には公証人1人の他に、証人2人の立会が必要です。
② 原則、実印と印鑑登録証明書が必要です。
③ 公正証書遺言を作成すると、原本・正本・謄本の計3通が公布されます。原本はそのまま公証役場に保管され、正本と謄本は遺言者に交付されます。

●遺言公正証書サンプル

令和〇年第〇〇号
遺言公正証書

　本公証人は、遺言者相続一郎の嘱託により、後記証人2名の立会のもとに遺言者の口述した遺言の趣旨を筆記し、この証書を作成する。
　遺言者相続一郎(以下「遺言者」といいます)は、本遺言書により次のとおり遺言する。

第1条　遺言者は、遺言者の所有する下記不動産(共有持分である場合は、持分全部)および家財道具一式を、遺言者の妻 相続ひとみ(生年月日)に相続させる。

①　所　在　〇〇市〇〇区〇〇一丁目
　　地　番　〇〇〇
　　地　目　宅地
　　地　積　1213.45平方メートル

②　所　在　〇〇市〇〇区〇〇一丁目一番地一
　　家屋番号　〇〇〇
　　種　類　居宅
　　構　造　木造ストレートぶき2階建
　　床面積　1階　45.67平方メートル
　　　　　　2階　45.67平方メートル

③　①および②の他、遺言者が所有する不動産全て。

第2条　遺言者は、遺言者が下記の金融機関と契約中の預貯金・有価証券・投資信託等を含む遺言者の有する全金融資産及び現金を、妻　相続ひとみに相続させる。
① 　株式会社〇〇銀行
② 　株式会社△△銀行
③ 　株式会社□□銀行

④ 　①乃至③までの他、遺言者と取引がある金融機関全て

第3条　遺言者は、遺言者が契約をしている下記の保険組合および保険会社を含む、保険に関する一切の権利を、妻に相続させる。ただし、受取人が指定されている場合、別途規定が定められている場合はその規定に準じる。
① 　〇〇保険株式会社
② 　□□保険株式会社
③ 　①及び②の他、遺言者が契約している保険組合および保険会社全て

第4条　遺言者は次の債務・諸費用を妻に負担させる。
　　　1 　遺言者の葬儀及び法要に関して支出する一切の諸費用
　　　2 　遺言者が生前に負担していた一切の残存債務
　　　3 　遺言者の負担すべき一切の公租公課
　　　4 　登記費用及び登録免許税を含む所有権移転登記に必要な一切の費用
　　　5 　未払い公租公課、預り敷金等の返還債務、借金債務等の相続する不動産に関する一切の費用

　　　　　　　　　　　　　　　　　　　　　　　　　　　　　　　　以上

本旨外要件
　〇〇県〇〇市〇〇区〇〇一丁目一番地一
　　会社員
　　遺言者　　　　　　　　相　続　一　郎
　　　　　　　　　　　　　昭和〇年〇月〇日生
　遺言者相続一郎は、印鑑登録証明書の提出により、人違いのないことを証明した。

　〇〇県〇〇市〇〇区〇〇一丁目一番地一
　　行政書士
　　証人　　　　　　　〇　　〇　　〇　　〇
　　　　　　　　　　　　　昭和〇年〇月〇日生

〇〇県〇〇市〇〇区〇〇一丁目一番地一
　　行政書士
　　証人　　　　　　　〇　　〇　　〇　　〇
　　　　　　　　　　　　　昭和〇年〇月〇日生

いつでも

生前贈与を検討しましょう

該当する人

死後の財産を
考えたい

生前に贈与を行うと贈与額に応じた贈与税がかかります。一般的に贈与税は相続税よりも税率が高くなりますが、贈与税が一定の条件下で非課税になる方法があります。

特例贈与財産を活用しましょう

下の表は、贈与税と相続税の税率の違いを記載したものです。一般に贈与税は相続税よりも高くなりますが（一般贈与税）、直系尊属（祖父母や父母など）から、その年の1月1日時点で18歳以上の者（子・孫など）への贈与は※、特例贈与財産と呼ばれ、一般贈与財産より税率が低くなります。

●相続税と相続税の税率の違い

贈与税（一般贈与税率）

基礎控除後の課税価格	税率	控除額
200万円以下	10%	無し
300万円以下	15%	10万円
400万円以下	20%	25万円
600万円以下	30%	65万円
1000万円以下	40%	125万円
1500万円以下	45%	175万円
3000万円以下	50%	250万円
3000万円超	55%	400万円

贈与税の基礎控除は
ともに110万円

贈与税（特例贈与財産）

基礎控除後の課税価格	税率	控除額
200万円以下	10%	無し
400万円以下	15%	10万円
600万円以下	20%	30万円
1000万円以下	30%	90万円
1500万円以下	40%	190万円
3000万円以下	45%	265万円
4500万円以下	50%	415万円
4500万円超	55%	640万円

相続税

基礎控除後の課税価格	税率	控除額
1000万円以下	10%	無し
3000万円以下	15%	50万円
5000万円以下	20%	200万円
1億円以下	30%	700万円
2億円以下	40%	1,700万円
3億円以下	45%	2,700万円
6億円以下	50%	4,200万円
6億円超	55%	7,200万円

相続税の基礎控除額：3000万円
＋法定相続人の人数×600万円

※2022年3月31日以前の贈与については20歳となる。

夫婦間でできる居住用不動産贈与時の配偶者控除

　夫婦の間で、居住用不動産、もしくは居住用不動産を取得するための金銭の贈与が行われた場合、基礎控除110万円のほかに最高2,000万円まで配偶者控除が適用できる「居住用不動産贈与時の配偶者控除」という特例があります。不動産の評価額によっては、申告することで不動産を取得する際の贈与税が0円になります。

　条件は、①婚姻期間20年以上であること、②1夫婦につき1回まで、③自宅、または自宅購入資金であること、④贈与を受けた年の翌年3月15日までに、贈与により取得した居住用不動産、または贈与を受けた金銭で取得した居住用不動産に、贈与を受けたものが現実に住んでおり、その後も引き続き居住する見込みであること、の4つの条件でそこまで厳しいものではありません。

教育資金贈与について

　教育資金贈与は金融機関を通して、30才未満の子や孫への教育資金を贈与する方法で、最大1,500万円まで非課税となります。教育資金贈与は多額のお金を子や孫に渡せるので、相続税対策としても有効な手段です。

●教育資金贈与が使えるもの

非課税枠1,500万円まで	学校などに対して払うもので、入学資金・授業料・教科書代・遠足代など
非課税枠500万円まで	習い事に関する教育資金。制服代・道具代など

住宅取得等資金の贈与について

　子どもの住宅購入時に援助をしたいと考えている人におすすめなのが、住宅取得等資金の贈与という制度です。住宅取得を前提とした、親から子の贈与に贈与税の非課税枠が設けられています。

非課税限度額
省エネなどの住宅：1,000万円
それ以外の住宅：500万円

 ポイント

注意点

・配偶者の親からの贈与は適用できない
・対象は金銭の贈与のみ
・非課税枠でも申告自体は必須

2024年にスタートする相続時精算課税制度とは

　父母や祖父母から子・孫に対して行われる贈与のうち、合計2,500万円までの贈与を非課税とし、越えた分に関しては一律20％の贈与税、さらに相続発生後は相続財産を持ち戻して相続税の課税対象とする制度です。これまではデメリットとして、暦年課税による毎年110万円まで控除される贈与が使えなくなることと、小規模宅地等の特例が受けられないことが挙げられました（156ページ参照）。

　ところが2024年1月1日以降、この相続時精算課税制度を利用して、贈与した財産については、現行の2,500万円とは別に毎年110万円までを控除できるよう法改正が行われました。

　これにより、相続時精算課税制度を選択して贈与を行うことで、暦年課税による贈与よりも、効果的に相続税対策が行えるようになったといえます。

　課税と相続時精算課税制度のどちらを利用するのがより効果的か、検討して贈与を行うようにしましょう。

　なお、相続時精算課税制度の選択は、贈与を受けた年の翌年の申告時期に相続時精算課税選択届出書（国税庁のホームページで取得）と受贈者の戸籍謄本など書類を添付して、申告書を提出する必要があります。また、この制度を選択した場合、暦年課税には戻せません。

暦年課税による贈与の法改正

　暦年課税による生前贈与は、一人当たり年間110万円までは贈与税がかかりませんが、贈与した人が贈与後にほどなくして亡くなると話が変わってきます。

　これまで、暦年課税での相続においては、「亡くなる3年前の贈与は相続時の財産に持ち戻して加算しなければならない」という、3年以内の贈与は相続税の対象になるルールがありました。

　これが法改正により見直され、2024年1月から持ち戻し期間が1年ずつ段階的に加算されるようになり、最大で7年間分が持ち戻されるようになります。

　ただし、すべて持ち戻されるわけではなく、総額から100万円を控除した残額が持ち戻しの対象になります。

　なお、この法改正によっても、前述した居住用住居の贈与時の配偶者控除、直系尊属から住宅取得等資金の贈与などは特例の非課税枠内として課税対象になりません。

　持ち戻し期間の変遷は下記の表を確認してください。

> 控除額を越えなければ何度でもできるが、直近7年は相続税の対象になる

●毎年110万円を暦年課税の贈与として7年間渡した場合

毎年の110万円はそれぞれ控除されず、7年間で100万円分の控除

| 110万円 | 110万円 | 110万円 | 110万円 | 110万円 | 110万円 | 110万円 |

➡ **相続税対象 670万円**

●相続時精算課税制度を選択

7年間の110万円は毎年控除される

> 合計2,500万円までの贈与なら相続時の計算に回せる（控除分は相続財産の加算対象にならない）

| 110万円 | 110万円 | 110万円 | 110万円 | 110万円 | 110万円 | 110万円 |

➡ **相続税対象 0万円**

●過去に暦年課税による贈与を行ってきたとして、相続が発生する時期によって加算期間は変わる

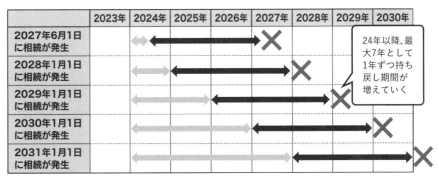

	2023年	2024年	2025年	2026年	2027年	2028年	2029年	2030年
2027年6月1日に相続が発生		↔	◀━━━━━━━━━━		✕			
2028年1月1日に相続が発生		↔	◀━━━━━━━━━━━━			✕		
2029年1月1日に相続が発生		↔	◀━━━━━━━━━━━━━				✕	
2030年1月1日に相続が発生		↔	◀━━━━━━━━━					✕
2031年1月1日に相続が発生		↔	◀━━━━━━━━━━						✕

> 24年以降、最大7年として1年ずつ持ち戻し期間が増えていく

※2023年までの贈与は相続税の対象にならない

↔ 100万円を控除した残高が相続税の対象になる期間

◀━━━▶ 3年分の贈与は持ち戻され相続税の対象になる

✕ 相続が発生した時期

いつでも

推定相続財産を整理して見える化をしましょう

該当する人

相続する財産を
把握したい

将来、相続するであろう「推定相続財産」の把握は、遺言書の作成はもちろん、相続前に行う「財産目録」の作成の際にも役立ちます。

金融財産を整理しましょう

保有している通帳、キャッシュカード、証券などの金融口座を、一度すべて確認してみましょう。その上で必要な口座と不要な口座に分類し、不要な口座は前もって解約するのがよいでしょう。

口座の整理が終わったら金融機関ごとの一覧表を作り、金融資産の見える化を行います。

一覧表があると、相続人が遺産分割協議を行う際にとてもスムーズになります。特に取引する銀行や証券会社が多い方は、相続時の手続きが煩雑になりやすいので、日頃から整理しておくように心掛け、作った一覧表は定期的に更新するようにしましょう。

不動産を整理しましょう

不動産は、保有状況と権利関係を明確にしましょう。不動産も一覧表にまとめて、見える化を行った上で、登記簿謄本を取得し、「誰の名義か?」、「所有権なのか、借地権なのか?」、「抵当権者などの担保権者がいないか?」などを確認しましょう。確認してみると意外なことがわかったりします。

例えば、「名義変更がされていない」「すべて自分のものと思った不動産が、実は持ち分が2分の1だけだった」などが挙げられます。相続をスムーズにするためにも、一度きちんと確認することが大切です。

その他の財産を整理しましょう

金融財産や不動産以外にも把握しておいた方がよいものがあります。

生命保険

それぞれの契約の内容がどうなっているか、受取人が誰かなど、ご家族で把握しておきましょう。

死亡退職金・弔慰金

在職中に死亡した際に会社から遺族に対して支払われます。会社の就業規則などで確認しましょう。

上記の他にも車、絵画、骨とう品などの高価なものは、金額を把握しておくようにし、鑑定書があるなら併せて保管しておきましょう。

マイナスの財産を確認しましょう

5章で解説したように、家族が相続するのはプラスの財産だけではありません。借金やローンなどのマイナスの財産も相続することになります。そのため借金やローンなどに関しても日頃から整理し、返済できるものはきちんと返済していくようにしましょう。

大きな借金を残したまま亡くなると、その借金は相続した家族が払っていくことになってしまいます。マイナスの財産についても生前からきちんと整理しておくようにしましょう。

いつでも

該当する人

自宅を
持っている場合

自宅の今後について
考えましょう

自宅を対象とした様々な生前対策の制度を知っておくことで、もしものときの選択肢を増やしておくことができます。家族で自宅についても生前から話し合いましょう。

リースバックとリバースモーゲージ

老後にまとまったお金が必要になるなど、年金だけでは老後資金の捻出が難しいことがあります。また、自宅は財産のひとつでもあり、もしものときには相続人が相続対象になります。相続人が複数人いるような場合、不動産という特性上、現金のように簡単に分けることができません。

そのようなときに、リースバックやリバースモーゲージといった制度を検討してみるのもよいでしょう。

売却しても住み続けられるリースバック

生前のうちに自宅を売却したお金で贈与できる方法のひとつとして、リースバックがあります。リースバックとは、家やマンションなどの不動産を売却してまとまった資金が得られた後も、リース代（家賃）を支払うことで自宅に住み続けられる制度で、自宅の使用を継続しながら売却資金を得られるのが特徴です。

相続の際に家を物理的に分割するのは困難ですが、現金化することで相続人に分配しやすい点も、リースバックのメリットです。

遺留分として渡す場合も、現金であれば簡単です。また、相続人の1人が遺産を取得し、ほかの相続人に対して代償金を支払う代償分割の際も、このリースバックが活用できます。

ただし、通常の売却価格よりも安くなる傾向があるのと、リース代は家賃相場に合わせて変動することがあります。契約内容など諸条件を確認して検討するのがよいでしょう

自宅を担保にお金を借りるリバースモーゲージ

リバースモーゲージとは、リースバックと違い、不動産の所有権を持ったまま担保にして現金の借入れができる制度です。つまり、自宅に住み続けながら、その自宅を担保に老後資金を借りることができるという方法です。

継続して自宅に住み続け、死亡したときに担保となっていた不動産を処分し、借入金を返済する仕組みであり、いわば高齢者向けの貸付制度といえるものです。この制度には不動産を売却しても債務が残った場合は返済義務のあるリコース型と、返済の金利はそれと比較して高めですが、返済義務のないノンリコース型の2つがあります。

金融機関によって返済方法など内容は変わります。検討の際は詳細をよく確認したほうがよいでしょう。

対相続で居住権を分けることができる配偶者居住権

2020年4月1日以降に発生した相続から適用される制度です。

例えば夫が先に亡くなり配偶者である妻が残されたとして、自宅は夫名義の所有権が設定されていた場合、自宅自体が相続すべき財産になります。そのために妻としては相続いかんによっては住む家を確保しなければなりません。そんなときに活用できるのが配偶者居住権です。

配偶者居住権とは、夫婦の一方が亡くなった場合、残された配偶者は故人が所有していた建物に、亡くなるまで、または一定の期間、無償で居住することができる権利です。

建物の価値を「所有権」と「居住権」に分けて考え、残された配偶者は建物の所有権を持たなくても、一定の要件の下で居住権を取得することで、故人が所有していた建物に引き続き住み続けられるようにするものです。

配偶者居住権の成立要件は?

配偶者居住権が成立には、次の以下1〜3の要件をすべて満たす必要があります。

1.残された配偶者が故人の法律上の配偶者であること

2.配偶者が、故人の死亡時点で当該建物に居住していること

3.遺産分割、遺贈、死因贈与、家庭裁判所の審判のいずれかにより配偶者居住権を取得したこと

　ただし、上記の要件を満たしても、故人が建物を配偶者以外と共有していた場合は、配偶者居住権の対象となりません。

配偶者居住権を登記しておく必要がある場合

　配偶者居住権は、成立する要件を満たしていれば権利として発生しますが、第三者がいた場合に対抗するためには登記が必要であり、居住建物の所有者は配偶者に対して配偶者居住権の登記を備えさせる義務を負っています。

　なお、配偶者居住権の設定登記は配偶者（権利者）と居住建物の所有者（義務者）との共同申請となります。また、配偶者居住権の設定登記ができるのは建物のみで、その敷地である土地を登記することはできません。

6ヶ月は住み続けられる配偶者短期居住権

　配偶者居住権とは別に、配偶者「短期」居住権というものもあります。配偶者短期居住権とは、残された配偶者が亡くなった人の所有する建物に居住していた場合、遺産分割協議がまとまるまでか、もしくはその協議が早くまとまった場合でも、被相続人が亡くなってから6ヶ月間は無償で住み続けることができる権利のことです。

　遺言などで配偶者以外の第三者が建物の所有権を相続した場合、第三者はいつでも配偶者短期居住権を消滅させるよう申し入れすることができますが、その場合であっても残された配偶者は申し入れを受けた日から6ヶ月間は無償で建物に住み続けることができます。

　なお、配偶者短期居住権を登記することはできません

✓
いつでも

該当する人

介護の必要性が
ある場合

介護の方針を決めましょう

介護は家族にとっても大きな問題です。いざというときに慌てないためにも、日頃から介護の方針を話し合っておき、本人にとっても家族にとっても、よい介護方法を選択しましょう。

●介護認定の申請の手続き

どこで申請するか？

住民票のある市区町村の介護窓口や福祉事務所に介護保険被保険者を持参する

↓

認定調査員が自宅を訪問、身体能力・判断能力の調査を行う

↓

主治医による意見書の作成、もしくは市区町村役場の指定医の診断を受ける

↓

介護認定審査会で介護の必要性や程度の審査を行う

↓

申請から約1ヶ月で認定結果と介護保険証が送付される

↓

認定結果を基に、ケアマネージャーとケアプランの作成を行う

↓

ケアプランに基づいた介護サービスを利用する

↓

認定の有効期間満了前に更新手続きを行う

介護認定の申請手続き

寝たきりや認知症などで介護が必要になった場合には、介護認定の申請に手続きが必要となります。まずは介護認定の申請手続きの流れを見ていきましょう。なお、申請から結果通知までは約1ヶ月かかります。

また、要支援または要介護の区分によって利用できる限度額は変わります。

●**要介護度区分と1ヶ月の利用限度額**

要介護度区分	利用限度額
要支援1	50,320円
要支援2	105,310円
要介護1	167,650円
要介護2	197,050円
要介護3	270,480円
要介護4	309,380円
要介護5	362,170円

介護保険を活用し、介護費用をおさえましょう

　介護費用をおさえるためにも、介護保険を上手に活用したいところです。介護保険で利用できる施設やサービスの主なものを次ページの表にまとめました。適用となる要介護度の区分が決められています。

●介護保険で利用できる施設・サービス

施設・サービス	内容	適用区分・備考
訪問看護・訪問リハビリテーション	看護師・保健師・理学療法士が訪れて、健康状態の観察・日常生活の介助・リハビリ・ターミナルケアなどを行い、療養生活を支援するサービス	要支援1以上。主治医の指示書が必要
居宅療養管理指導	医師、歯科医師、薬剤師、管理栄養士が訪れ、療養上のアドバイスをするサービス。月の回数に上限があり、上限を超えると全額自己負担になる	要支援1以上
通所リハビリテーション	介護施設・病院・診療所などの医療施設に通い、計画に従ってリハビリを受けるサービス。デイケアともいう。食事や入浴などの生活援助サービスが一緒に受けられる	要支援1以上
短期入所療養介護	介護療養型医療施設や介護老人保健施設などに短期間入所し、看護や医学的管理のもとで介護や機能訓練などを受けるサービス。医療型ショートステイともいう。連続利用は30日間までで、それを超えると全額自己負担になる	要支援1〜2
訪問介護	ホームヘルパーによる家庭訪問サービス。調理・洗濯・掃除などの家事をする「生活援助」、食事の介助や排泄支援などをする「身体介護」、通院や外出などのときに介助をする「通院等乗降介助」の3つのサービスを提供する	要支援1以上
夜間対応型訪問介護	介護福祉士などによる24時間タイプの訪問介護サービス	要介護1以上
訪問入浴介護	自宅での入浴が困難な場合、専用の浴槽を持ち込んで入浴を介助するサービス	要支援1以上
通所介護	デイサービスセンターなどの介護施設に日帰りで通い、介護を受けられるサービス	要支援1以上
認知症対応型通所介護	認知機能が低下し、日常生活に支障が生じている人を対象にした通所介護サービス	要支援1以上
小規模多機能型居宅介護	デイサービス・ショートステイ・訪問介護を組み合わせて利用できる介護サービス。ただし、このサービスを利用すると、居宅介護支援・訪問介護・訪問入浴介護・通所介護・通所リハビリテーションは利用不可になる	要支援1以上
短期入所生活介護	特別養護老人ホームなどの福祉系の施設に短期間入所して介護を受けられる、連続利用は30日間までで、31日以降は全額自己負担となる	-

信託を検討しましょう

該当する人

**財産の管理を
任せたい場合**

信託とは、自分（委託者）の財産（不動産や預貯金等）を、信頼できる人（受託者）に託し、特定の人（受益者）のために、財産を管理・処分してもらう財産の管理方法です。

信託でできること

信託では、例えば次のようなことも実現できます。

Ａさんが Ｂさんに、自身が所有するアパートの管理を託した場合、たとえＡさんが認知症になってしまったとしても、ＢさんがＡさんのためにアパートを管理し、適切にＡさんに賃料を渡していくことが可能となるのです。

●**信託のイメージ図**

アパートを信託

賃料を渡す

Ａさん
（委託者および受益者）

Ｂさん
（受託者）

委託者：財産を託す人
受託者：財産を託された人
受益者：託された財産から利益を受け取る人

信託の種類

信託には、商事信託と民事信託（家族信託）があります。受託者が信託財産といえる財産を託されて管理・運用することを営利目的で行っているものが商事信託で、営利目的で行っていないものが民事信託（家族信託）です。

成年後見制度と家族信託の違い

成年後見制度と家族信託はどちらも認知症対策になる財産管理の方法ですが、主に以下のような違いがあります。

期間の違い

成年後見制度（223ページ参照）は、本人が亡くなるまでの一代限りの期間限定ですが、家族信託では、本人が亡くなった後も数世代にまたがって長期に渡り財産の管理をしていくことも可能です。

財産の管理方法の違い

成年後見制度は認知症発症後などに本人の生活や財産を守るための制度なので、老後資金を確保するための不動産の売却や、相続対策のための不動産の購入は家庭裁判所が許可してくれないこともあります。

一方、家族信託は、信託の目的達成のためであれば、受託者は相続対策に備えた柔軟な財産の管理や資産活用も可能です。

●信託財産とすることができるものできないもの

信託財産とすることができるもの	金銭、不動産の所有や借地権、有価証券、動産、著作権、知的財産権、債権
信託財産とすることができないもの	預金債権、債務、年金受給権、農地

※不動産が信託財産の場合、信託契約締結時に、所有権移転登記と信託の登記を同時に行います。

信託契約は公正証書で作成するのが望ましい

信託契約書は、公証人の立会のもとに公正証書で作成するのが望ましいでしょう。主に、信託目的や信託財産、委託者や受託者や受益者などを記載します。

また、金銭の信託は、信託財産の分別管理のために専用の管理口座を開設する必要があります。

信託設定時に受託者へ財産を移転する際には、委託者の預金は口座から引き出し、受託者の管理口座（信託口口座）に移す手続きが必要です。

死後事務委任契約について考えましょう

いつでも

該当する人

死後の手続きを任せたい場合

家族が遠方にいる場合など、葬儀の手配や介護施設などの事務手続きを依頼できる人がいない場合には、身近な人や専門家に依頼できる死後事務委任契約を検討しましょう。

死後事務とは?

死後事務とは、本人が亡くなった後に発生する、様々な事務手続きのことです。具体的には、行政などに対する届け出、葬儀供養に関する手配、入院費などの精算手続き、知人への連絡などが挙げられます。

例えば、葬儀費用などの死後の支払いを家族でもない知人や介護ヘルパーさんに、「何かあったらこの通帳から支払ってください。」と口頭でお願いしても効力はありません。個人の財産は、法律上は相続人に帰属します。故人の通帳から葬儀費用などを支払うのは厳密には「横領」になってしまう可能性があるのです。

●死後事務委任契約の対象となる手続き

葬儀供養	死亡診断書の手配、火葬許可証の手配、葬儀社の手配、葬儀供養の日程連絡、葬儀の立会いなど
費用の支払い代行	入院費用の支払い、葬儀社の支払い、火葬料の支払い、埋葬費用の支払い、光熱費の支払い、携帯電話料金の支払いなど
住居の明け渡し、遺品整理	住宅や高齢者施設の家財処分対応、部屋の立会い、遺品整理業者の作業中立会い、貴重品の確認、修繕費・ハウスクリーニング費用の確認、電気・ガス・携帯電話の解約手続きなど
行政の手続き	保険証の返納、葬祭費の請求、払い過ぎた保険料・医療費の返還請求、年金受給停止手続き、未支給年金受給手続き、介護保険料の返納手続き、マイナンバーカードの返納手続きなど
その他の手続き	クレジットカードの解約手続き、各種会員カードの解約手続き

死後事務手続きと相続手続きなど遺言執行との兼ね合い

　亡くなった際の死後事務手続きの範囲は、あくまで故人に代わっての事務代行のみになります。

　可能な事務代行とは、左ページの表の事務手続きや戸籍謄本の取得などを指し、不動産の名義変更といった相続手続きは行うことはできません。

　したがって、死後の預貯金や不動産の名義変更などを相続人ではない第三者に依頼したい場合には遺言書を作成し、遺言執行者を適切に指定しておく必要があります。

　つまり、相続手続きと死後事務委任契約との違いは、相続手続きは相続人、または遺言執行者ではないと手続きはできませんが、死後事務手続きは死後事務委任契約書を締結していれば、誰でも代行することができるところにあります。

●遺言執行の対象となる手続き

戸籍の収集、相続関係説明図の作成、財産の調査、財産目録の作成、医療費や賃料などの負債や残金の精算、預貯金や株式などの金融資産の解約、不動産の名義変更、車の名義変更など

身元保証を考えましょう

老人ホームへの入居や病院に入院するときに、親族がいない場合や遠方に住んでおり深く関われない場合などに必要になるのが身元保証人の存在です。

身元保証人が必要な人は？

下記に当てはまる方で身元保証人をお願いできる信頼できる人がいない場合には、身元保証人の手配が必要です。

●身元保証が必要と思われる人

独り身	未婚、離婚、もしくは配偶者が亡くなっている
家族との問題	子どもがいない・関係性が悪い・遠方にいる・迷惑をかけたくない
健康上の問題	認知症が不安

身元保証人の役割

身元保証人の役割は施設の入居契約、病院での入退院の対応、施設担当者との連絡と連携など、その役割は多岐にわたります。

入居検討段階における役割

ライフプランの再確認、最適な高齢者施設の提案、不動産の処分や管理、引越しの手配など

入居契約時における役割

入居契約の立ち合いや入居契約書への署名・捺印、重要事項説明の立ち合い、入居一時金の支払いの支援、必要な生活雑貨の確認と購入支援、家電や家具などの購入支援、金銭管理のルール決めなど

高齢者施設においては

　施設の入居費用等の保証、ケアプランの確認、薬の確認、定期訪問と近況の確認、施設担当者らとの連携など

病院においては

　医療費などの支払いの保証、入退院時の対応、手術の同意、終末期の医療方針の確認、急性期病院から療養型病院への転院の際の事前見学などの支援、死亡確認の立会いと死亡診断書の受取りなど

身元保証に関する注意点

　身元保証人の役割は施設の入居契約、病院での入退院の対応、施設担当者との連絡と連携など、多岐にわたります。

　身元保証について定められている法律として、1933年施行の「身元保証に関する法律」があり、高齢者施設や病院への入居・入院にも適用されます。また、その後の民法改正により身元保証業務に関連する以下の事項の変更があります。

　身元保証契約の期間は5年を超えることができませんが、身元保証契約は更新することができます。

　法人が身元保証人となる際には極度額（債権に対して支払い義務を負う弁済の上限額）の定めはありませんが、個人が身元保証人になる場合には極度額が定められます。もし極度額を定めずに個人が身元保証契約を締結した場合には、無効となってしまいますのでご注意ください。

 ポイント

身元保証サービス

　費用はかかりますが、家族に代わり、身元保証人を引き受けている団体（社団法人やNPO法人）があります。団体によって受けられるサポートが異なりますので、利用を検討する際は内容をしっかり確認してください。

身元保証人と成年後見人の違い

身元保証人に似た制度として、成年後見人があります。

成年後見人は本人の財産を管理する法定代理人であり、成年後見人は身元保証人にはなれません。なぜなら、本人と一緒に債務を負担するとなれば利益相反に該当してしまうからです。また、成年後見人は本人の債務を連帯して負わなければならないとする規定もありません。

身元保証人と成年後見人の違いについて見ていきましょう。

●成年後見人と身元保証人との違い

成年後見人	身元保証人
・民法に定められた法定代理人である ・後見開始の審判の申し立てに基づき、家庭裁判所が選任を行う ・本人の死亡と同時に代理権が終了する	・連帯保証人と同義とされている ・本人が自ら身元保証人を選定する ・入居契約の際に緊急時の対応や死亡後の残置物撤去義務が定められている
成年後見人が必要な方	**身元保証人が必要な方**
認知症などにより判断能力を失った方	家族や親族に身元保証人をお願いできる人がいない方

マイナンバーカードで各種証明書を取得しましょう

該当する人

マイナンバーカード所持者

マイナンバーカードがあると、戸籍や住民票などをコンビニで取得できるようになります。事前にマイナンバーカードを作っておき、各種証明書の取得をスムーズに進めましょう。

●コンビニで取得できる証明書

コンビニで取得できる証明書
住民票の写し※
住民票記載事項証明書
印鑑登録証明書
各種税証明書
戸籍証明書（全部事項証明書、個人事項証明書）
戸籍の附票の写し

※コンビニ交付で取得できる証明書には住民票コードは記載されません。

マイナンバーカードの便利な使い方

マイナンバーカードを利用して、住民票の写しや印鑑登録証明書などを、全国のコンビニエンスストアで取得することができます。毎日6:30から23:00まで利用でき、市区町村役場が開いていないときでも取得できるので大変便利なサービスです（市町村によっては利用可能時間が異なる場合があります）。

マイナンバーカードの申請方法

マイナンバーカードの作成には申請が必要になります。申請方法はオンライン申請・郵便による申請・証明写真機からの申請の3つです。マイナンバーカードの交付申請から、市区町村が交付通知書を発送するまでは、約1ヶ月かかります。

●郵送での申請

交付申請書をマイナンバーカード総合サイトのホームページからダウンロード

↓

顔写真と諸情報を記入して封筒で郵送

※マイナンバーカード総合サイト
https://www.kojinbango-card.go.jp/download/

225

●オンライン申請

マインバーカード総合サイトもしくは申請書IDのQRコードからアクセスする[1]

↓

申請書ID[2] とメールアドレスを登録

↓

メールアドレスに届くメール内のURLをクリックする

↓

顔写真と生年月日などの申請情報を登録する

↓

申請受付完了メールが届く

●証明写真機からの申請

個人番号カード申請を選択する

↓

撮影の料金を支払い、交付申請書のQRコードを機械にかざす

↓

案内に従って必要事項を入力

↓

顔写真の撮影

※1「マインバーカード総合サイト」の「オンライン申請」
https://www.kojinbango-card.go.jp/apprec/
※2 申請書IDは送付される「個人番号カード交付申請書　兼　電子証明書発行申請書」に記載

マイナンバーカードの受取方法

　申請から約1ヶ月後に市区町村から交付通知書が届くので、交付通知書記載の期限までに、交付通知書記載の交付場所でカードを受け取ります。

住民票などの証明書の取得方法

　コンビニに設置されているマルチコピー機を使って証明書を取得します。

●コンビニでの住民票取得の流れ

「行政サービス」から「証明書の交付」→「証明書交付サービス」を選択

マイナンバーカードをマルチコピー機の指定の箇所に置いて読み取らせる

証明書交付市区町村を選択し、マイナンバーカードの暗証番号を入力する

取得したい証明書を選択し、必要部数を入力する

料金を支払い、証明書が印刷される

 ポイント

住まいと本籍地の市区町村が異なる場合

　住まいと本籍地の市区町村が異なる場合は、本籍地の市区町村へ戸籍証明書のコンビニ交付利用登録申請が必要となります。本籍地の市区町村へ利用登録申請を行うには2つの方法があります。

●戸籍証明書交付の利用登録申請で申請する

　パソコンにICカードリーダーがあれば、戸籍証明書交付の利用登録申請のホームページ（https://ks.lg-waps.go.jp/ksgu/#/）で利用登録申請を行うことができます。

●コンビニのマルチコピー機で申請する

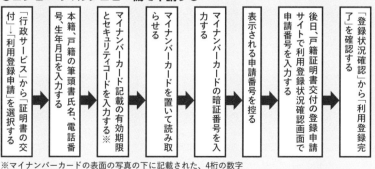

「行政サービス」から「証明書の交付」→「利用登録申請」を選択する

本籍、戸籍の筆頭書氏名、電話番号、生年月日を入力する

マイナンバーカード記載の有効期限とセキュリティコードを入力する※

マイナンバーカードを置いて読み取らせる

マイナンバーカードの暗証番号を入力する

表示される申請番号を控える

後日、戸籍証明書交付の登録申請サイトで利用登録状況確認画面で申請番号を入力する

「登録状況確認」から「利用登録完了」を確認する

※マイナンバーカードの表面の写真の下に記載された、4桁の数字

第**8**章

お墓の準備・手続き

お墓を継ぐ、お墓を移し変えたい、墓じまいをしたいなど、お墓に関することを解説します

✔

本章解説

お墓・供養の基礎知識と手続き

該当する人
お墓や供養の 方法を検討したい

近年、お墓や供養の方法は多様化しています。先祖代々のお墓をどのように管理・供養していけばよいでしょうか。

●お墓のあり方の流れ

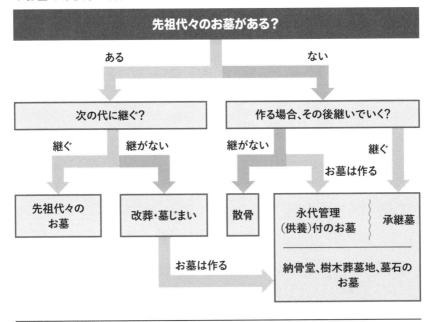

お墓を継ぐ人がいない?!

　少子化、生涯未婚率の増加、あるいはお墓の承継を義務付けたくないと考える人が増え、承継を前提としないシステムのお墓、永代管理（供養）墓が注目されています。かつては他の人の骨壺と一緒に供養する合葬タイプが主流でしたが、一定期間は家族単位や個別に使用できる期限付きの区画に納め、期限がきたら別の場所に合葬するタイプの永代管理（供養）付のお墓も増えてきました。また、散骨も葬送方法としてすっかり市民権を得るようになりました。

➡永代供（管理）墓は232ページへ、➡散骨は243ページへ

ニーズに合わせて多様化するお墓のかたち

　お墓を検討する際「100万円〜200万円くらいで購入したい」という声が多い一方、この予算内で購入できる立地を都市部で探すのは厳しいのが現状です。そこで2000年以降急速に増加したのが納骨堂です。住宅と同じように戸建てより集合型のほうがリーズナブルに購入できるとあって人気を集めました。樹木葬墓地も狭小区画で墓石も少なくてすむため比較的割安、しかも永代管理（供養）を採用しているところも多く、某統計では新規購入者の半数が樹木葬墓地を選んだという調査結果が出ているほど注目を集めています。

➡納骨堂は240ページへ、➡樹木葬墓地は237ページへ

墓じまいは無縁ではなく有縁を紡ぐしくみ

　核家族化、単身世帯の増加、子のいない夫婦の増加、未婚・非婚化、離婚率の上昇など、家の永続性が保たれなくなった社会問題を背景に、「お墓の問題は自分たちの代で解決したい」とう声が大きくなりました。その解決方法のひとつが「墓じまい」です。墓じまいは、古い墓石を撤去するだけではなく、中の先祖の遺骨を取り出して、新しいお墓に移すという作業が伴います。別の場所に移して、家のお墓として存続させるのか、それとも別の形で供養していくのか、いずれにせよ「将来的に無縁墓になってしまうのだけは避けたい」という思いが根底にあります。次世代へどのように先祖から受け継いだ縁をつないでいくのか、それを考えることが墓じまいをスムーズに行うポイントです。

➡墓じまいは246ページへ

ポイント

お墓選びの考え方

お墓選びは、立地、見た目、納骨方法、運営主体、宗教・宗派、承継タイプかなど様々な条件を組み合わせて考えます。

✔

いつでも

お墓を買う場合の流れ

該当する人

お墓の購入を
考えている

お墓を買うとは、土地（墓地）を買うのではなく、墓地を所有する権利を得るということ。納骨堂でも樹木葬墓地、合葬タイプのお墓も同様、墓地の契約時には「墓地使用権（永代使用権）」を取得します。

● **墓地の契約から
墓石の建立まで**

墓地の契約

> お墓を建てる地域を
> 決める
>
> ↓
>
> 墓地や霊園の情報を
> 集める
>
> ↓
>
> 墓地契約・墓地使用料
> （永代使用料）の納付

↓

墓石の契約

> 石材店を決める
>
> ↓
>
> お墓のデザインや
> 墓石・付属品を決める
>
> ↓
>
> 契約・支払い・工事開始

お墓（墓石型）を買うまでの流れ

お墓を買う際は、まずは場所を決め、その地域の墓地や霊園を調べます。情報収集の手段は住宅の物件探しに似ています。インターネットを利用したり、チラシを参考にしたり、直接石材店や霊園などに足を運んだりという方法があります。

新たにお墓を建てる際は、故人の遺志も大切ですが、子孫が次世代へ引き継ぐことを前提とするか否かを念頭に置き、場所や宗旨・宗派などを確認のうえ、親戚間で話し合うことが大切です。

どのようなタイプのお墓でも、使用する区画やスペースを契約する必要があるため、墓所が決まったら最初に墓地使用料（永代使用料）を納めます。

墓石のデザインや付属品（樹木葬墓地や納骨堂の場合は銘板など）を決め、頭金を入れて石材店（販売業者）と契約します。残金の支払いは工事完成後となり、支払い後に引き渡されます。なお公営墓地は自由に石材店を選ぶことができますが、民間墓地の場合は、各霊園で指定された石材店の中から選ぶことになります。寺院墓地の場合も石材店が指定されていることがあります。

墓地選びの要素

　お墓のタイプは、墓石を立てる一般墓に対し、芝生に墓石が配置された洋風の芝生型、「樹木葬」と称されるシンボルツリーを配した樹木型、屋内に納める納骨堂などがあり、墓地の経営主体、納骨方法、次世代へ継ぐか継がないかという点を考慮して墓地を選びます。

　これらの要素をもとに、立地と予算を考えて墓地と使用する区画を決めていきましょう。

●お墓選びの要素

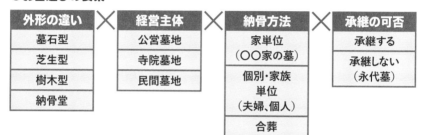

外形の違い		経営主体		納骨方法		承継の可否
墓石型		公営墓地		家単位（〇〇家の墓）		承継する
芝生型		寺院墓地		個別・家族単位（夫婦、個人）		承継しない（永代墓）
樹木型		民間墓地		合葬		
納骨堂						

経営主体による違い

　お墓は「墓地埋葬等に関する法律」に基づき、地方自治体の許可を得た場所でないと作ることができません。

●墓地の経営主体による違い

	公営墓地	寺院墓地	民間墓地
経営者	経営主体は地方自治体。	経営主体は寺院（宗教法人）原則として檀家になる。	経営主体は宗教法人や公益法人。販売・管理は民間業者。
メリット	宗教に制限がない。公共性がある。	都市部は立地のよい場所が多い。お盆やお彼岸など合同法要が行われる。	宗教に制限がない。販売数が多く求めやすい。
注意点	募集数が少なく、応募資格に制限がある。人気の墓地は抽選で倍率が高い。	宗教に制限がある。檀家として寄付金が求められることもある。	石材店が指定されている。

1 年以内

該当する人

お墓を継ぐことを
考えている

お墓を継ぐ場合は承継者を決めて名義変更をしましょう

お墓を継ぐ場合は、承継者を決めて名義変更を行う必要があります。先祖の法要などを務める義務も負いますので、親戚間でよく話し合っておきましょう。

●先祖代々のお墓を承継する手順

先祖のお墓の権利関係を確認

菩提寺、お墓の管理組合で
墓地契約事項の確認
檀信徒契約事項の確認

↓

承継者を決める

↓

名義変更の手続きで必要な書類

次ページ参照

↓

名義変更料・護持費・管理料の
支払い

祭事継承者を決めましょう

先祖代々のお墓などの祭祀財産を引き継ぐことを「承継」といいます。この祭祀財産は承継者が単独で引き継ぐもので、本人の遺志または慣習に従って祭祀承継者が指定されます。祭祀承継者が決まっても自動的に承継されることはなく、名義変更の手続きをする必要があります。承継者は墓地の管理、先祖の法要などを行う務めがあるので、親戚間で話し合っておきましょう。

名義変更の際に必要な書類や費用、申請方法は墓地によって異なりますので、管理者に確認してください。1948年以前に建てられたお墓（みなし墓地）については権利関係が複雑になっていることもありますので、菩提寺やお墓の管理組合に確認します。

また、契約時の内容が承継者に伝わっていないことによるトラブルが発生することもあります。墓地契約書を再確認し、管理方法や管理料、寺院なら檀信徒契約や護持会費についても確認しておきます。

お墓を継ぐときに必要な書類（例）

・墓地使用権承継申請書

・旧名義人の死亡が記載された戸籍謄本

・新名義人の住民票（本籍記載）

・墓地使用許可証

・新名義人の実印、印鑑登録証明書

・遺言書など

　なお、親族以外が承継する場合は、理由書、通常承継すべき人の同意書（印鑑登録証明書）が必要です。

　墓地・霊園によって必要書類に違いがあります。管理者に確認してください。

お墓を継ぐ人は誰？

　お墓などの祭祀財産の承継についてはは、民法897条では祭祀承継者は次のような順序で決めるとあります。

1．被相続人が指定する

遺言書だけでなく、エンディングノートや口頭で祭祀承継者を指定する形でもかまわないとされています。

2．指定された者がいない場合は慣習による

慣習というのはあいまいな定義ですが、家族や親戚間での話し合いによって決定されるというイメージです。

3．慣習が明らかでない場合は、家庭裁判所が定める

家庭裁判所に祭祀承継者指定の申し立てをすることで、家庭裁判所の審判によって指定されます。

跡継ぎがいないなら、永代管理（永代供養）墓の検討も

　永代管理（供養）墓とは、家族などに代わって管理者が永続的に管理（仏教の場合は供養を含む）をしてくれるシステムのこと。承継を前提としたお墓だと、いずれ継ぐ人がいなくなるという墓守に対して不安を抱えている人は、永代管理（供養）システムを導入しているお墓を検討するとよいでしょう。

　永代管理（供養）墓は、合葬というイメージを持つ人も多いのですが、一定の期間（10年間、20年間、33年間など）は個別に納骨し、その後合葬墓に遺骨を移動する形をとっているところも多くなっています。

●永代管理（供養）墓のイメージ

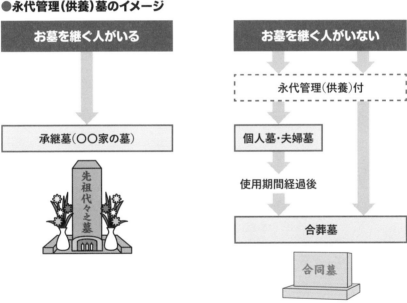

用 語 解 説 ···

祭祀財産

神仏や先祖を祀るためのもので、相続財産とは区別されます。仏像や神棚、お墓や仏壇のほか、家系図も祭祀財産になり、相続税の対象にはならない。

樹木葬墓地のポイントを おさえましょう

お墓の購入を
考えている

墓標としてシンボルツリーを植えた樹木葬墓地の人気が急上昇中。狭小区画で永代管理（供養）を前提としたところが多いのが特徴です。

●樹木葬墓地にするまでの流れ

地域を決める

樹木葬区画がある墓地や
霊園の情報を集める

↓

墓地契約

↓

銘板、付属品、墓石のデザインや
文字を決める

↓

墓地使用料（永代使用料）の納付
銘板、付属品、墓石の契約・
支払い

↓

（工事開始）

↓

完成・納骨準備

一般墓と比べて 費用が安く抑えられる

　樹木葬墓地とは、墓標としてシンボルツリーがある墓地のこと。もともとは「墓石の代わりに樹木をシンボルとする」墓地のことを樹木葬として販売されていましたが、実際には墓石を用いるタイプも多く、樹木を1本植えてあるだけで樹木葬と称するところもあるため、その定義はあいまいです。

　樹木葬は、まず樹木葬区画を設置している墓地を探します。立地や費用、条件や納骨方法などを元に検討しましょう。墓石を使用する場合は、大きさや色、墓石に刻む文字も検討します。

　樹木葬墓地には、承継を前提とした承継墓と、承継を前提としない永代管理（供養）付のお墓があります。墓所区画の使用期間や納骨方法など墓地によって異なり、料金設定も複雑なので、契約前に内容をよく確認しておくようにしましょう。一般的な墓石のお墓と比較して、樹木葬墓地は費用が安く抑えられ自然共生とい

うイメージから人気が高まっています。樹木葬墓地は、跡継ぎを必要としない永代管理（供養）システムをとっているところが多いのもニーズが高い要因です。

　樹木葬墓地といっても、様々なタイプがあります。墓域全体のイメージは、里山型、公園型、花壇型に大別でき、さらに納骨方法も個別か合葬か、土に還るタイプなのか否かなど、それぞれの墓地や区画によって異なります。

　樹木葬墓地は「自然に還る」ことをイメージして購入を希望する人が多いのですが、都市部の場合は、一定期間が過ぎたら取り出して別の場所に合葬するタイプが多くなっています。

●樹木葬墓地の墓域全体のタイプ

		特徴	納骨方法	費用※
里山型		自然の地形を生かしたタイプの墓地。里山保全を目的に運営しているところもある。自然の中にあるので交通の便が課題。1人用、家族用、合葬用がある。	遺骨のまま納骨か、土に還る自然素材の骨壺（骨袋）に納めて納骨。	合葬：10万円〜50万円／1人分　区画：30万円〜150万円／1区画
公園型		公園墓地の一角に設けられた樹木葬エリア。既存の墓地の一角に増設する場合と、墓地そのものが新設される場合がある。墓域が広く開放的。郊外に多い。1人用、家族用、合葬用がある。	家族用は、骨壺を使用して納骨するタイプが多い。	合葬：10万円〜50万円／1人分　区画：30万円〜200万円／1区画
花壇型		既存の墓地の一角に造成された樹木葬墓地。墓地によって洋風、和風のコンセプトがある。花を植えないタイプも多い。都市型の樹木葬墓地はこのタイプがほとんど。1人用、家族用、合葬用がある。	家族用は、骨壺を使用して納骨するタイプが多い。	合葬：10万円〜50万円／1人分　区画：80万円〜350万円／1区画

※年間管理費などの費用が別途かかる。

●樹木葬墓地のタイプ・納骨方法

墓石を使用するタイプ、骨壺を使用するタイプの樹木葬墓地も多い
埋蔵部分の壁はコンクリート、底部のみが土という納骨室（カロート）もある

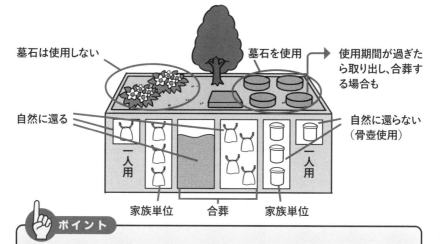

墓石は使用しない

墓石を使用

使用期間が過ぎたら取り出し、合葬する場合も

自然に還る

自然に還らない（骨壺使用）

一人用

家族単位　合葬　家族単位

一人用

👆 ポイント

樹木葬墓地の注意点

　「散骨」と称した樹木葬エリアを設けて運営している団体や寺院がありますが、これらの散骨地は墓地としての許可を得ていないため、永続性が保たれる保証がありません。

　土地への散骨を条令で禁止している地方自治体もありますので、「散骨」と表記がある樹木葬は注意が必要です。

👆 ポイント

樹木葬墓地選びのポイント

- ☐ **立地**　　　　　交通の便
- ☐ **宗教**　　　　　宗教の規定の有無
- ☐ **墓地全体の環境**　里山型、公園型、花壇型など
- ☐ **樹木の環境**　　樹木の種類、メンテナンスの状況
- ☐ **納骨方法**　　　個別、家族単位、合同、骨壺使用の有無
- ☐ **使用期間**　　　使用期間の有無、使用期間経過後の対応
- ☐ **費用**　　　　　墓地使用料、管理費

用 語 解 説 ···

カロート

お墓の納骨室のこと。地上型、地下型、半地下型がある。

いつでも

該当する人

お墓の購入を
考えている

納骨堂のポイントを おさえましょう

納骨堂は天候に左右されず参拝ができるだけではなく、交通至便で墓石を立てるよりリーズナブルといった点に人気が集まっています。

●納骨堂の契約から 納骨まで

地域を決める

納骨堂の情報収集・見学

↓

納骨堂決定

↓

銘板、付属品のデザインや
文字を決める

↓

納骨堂使用料
（永代使用料）の納付
銘板、付属品、墓石の
契約・支払い

↓

（銘板・付属品取り付け）

↓

納骨準備

納骨堂のしくみ

納骨堂とは、遺骨を安置する屋内施設のこと。以前は、遺骨を墓地に納めるまでの一時的な措置として、寺院などの一角に遺骨を安置する行為が行われていましたが、現在販売されている納骨堂は、継続的に使用し弔い続けることを目的としたものです。墓地と同じように「家墓」として承継を前提とする納骨堂もあれば、最初から合葬するタイプ、一定期間は個別で、それ以降は他人と合葬されるシステムなど様々なタイプがあります。

納骨堂の経営主体の多くは一部を除いて寺院が多く、本堂を併設しています。納骨堂の使用については「宗教・宗派不問」とあっても、本堂には檀信徒の出入りが常にあり、日常的に宗教・宗派に沿った勤行が行われています。こういった日常の中にある納骨堂であること、寺院とゆるやかな関係性があることを理解しておくことが必要です。

納骨堂のタイプ

納骨堂はロッカー型、棚型、自動搬送型、墓石型に大別することができ、見た目の違いだけでなく納骨方法も異なります。

●納骨堂のタイプ

	イメージ	特徴	費用※
ロッカー型		区分けされた個別のロッカーを契約し、遺骨を納める。1人用、家族用などがある。上段が仏壇、下段が遺骨の収蔵場所になっているタイプもある。契約するロッカーの場所によって料金が異なる。 参拝するときは、ロッカーを開けて遺骨を取り出すことができる。	30万円〜150万円／1区画
棚型		遺骨はバックヤードの棚に納められる。普段は取り出すことができない。参拝は、シンボルとなる本尊や個々に納めている位牌堂などで行う。 合葬用の納骨堂はこのタイプが多い。 1人用、家族用もある。	合葬：10万円〜50万円／1人分 区画：30万円〜150万円／1区画
自動搬送型		大型のビル型納骨堂で都市部に多い。 遺骨を納める納骨箱（厨子）は、普段はバックヤードの棚に納められているが、参拝カードをかざすと参拝ブースに遺骨が運ばれてくる。 1人用、家族用などがある。	50万円〜150万円／1区画
墓石型		屋内施設の中に墓石を立てるタイプの納骨堂。 屋内にあるため「納骨堂」に分類されるが、一般の外墓地と同じように承継を前提として契約するタイプが多い。 墓石は規約内の大きさ、デザインであれば自由に立てることができるが、納骨室は地下カロートではなく地上カロートになる。	100万円〜300万円／1区画

※年間管理費などの費用が別途かかる。

納骨堂選びのポイント

　納骨堂は、天候に関係なく気軽にお参りできる点がメリットです。セキュリティも完備され、草むしりや個別のメンテナンスもほとんど必要ありません。ただし、建物自体はいずれ建て替えやリフォームをする時期がくることが考えられます。大型の自動搬送型納骨堂は、機械のメンテナンスも必要でしょう。

　使用期間や管理方法、納骨方法などを比較検討して選びます。

●納骨堂選びのポイント

☐ **立地**　　　　　交通の便
☐ **宗教**　　　　　宗教の規定の有無、本堂隣接かどうか
☐ **タイプ**　　　　ロッカー型、棚型、自動搬送型、墓石型
☐ **参拝方法**　　　直接参拝か間接参拝か
☐ **周囲の環境**　　周囲の環境など
☐ **納骨方法**　　　個別、家族単位
☐ **使用期間**　　　使用期間の有無、使用期間経過後の対応
☐ **メンテナンス**　メンテナンス、将来的な維持管理
☐ **費用**　　　　　納骨堂使用料、管理費

用 語 解 説 ···

収蔵

納骨堂に遺骨を納めることを「墓地・埋葬等に関する法律」では収蔵という。それに対して焼骨を土中に納めることを埋蔵という。埋葬は法律では土葬を意味する。

✔ 1年〜3年

お墓のあり方を
考えたい

海への散骨を希望する場合

海洋散骨とは、遺骨をお墓に納めるのではなく、海に葬送
方法です。海が好きだったという人を中心に、散骨を希望
する人が増えています

●海洋散骨の手順

家族との事前相談・
話し合い

↓

業者選定・散骨方法の決定・
申し込み

↓

遺骨の受け渡し・粉骨

↓

出航

↓

散骨

↓

帰航

↓

散骨証明書の受領

海洋散骨の流れ

　散骨をする際は、家族間で事前に話し合っ
て意思疎通を図っておくことが大切です。故
人の希望と家族の思いが必ずしも一致してい
るとは限りません。遺骨のすべてを散骨する
のか、一部を散骨するのか、散骨場所につい
ても時間をかけて話し合っておきましょう。

　散骨業者が決まったら、事前に業者によっ
て遺骨を粉骨にしてもらいます。散骨は、水
溶性の紙に包んだ粉骨を船からまく形で行わ
れます。散骨する際に、簡単なセレモニーが
行われることもあります。

　帰航後は、散骨証明書や写真などをセット
にして渡してくれるところが多いようです。

散骨の費用

散骨にかかる費用は、船の種類と散骨方法によって異なります。

散骨方法は、船をチャーターしての個別（貸切）散骨、他の家族と一緒に

乗船してまく合同散骨、遺骨を業者に委託してまく委託散骨の3種類があります。

●海洋散骨の費用目安

	内容	費用
委託散骨	遺骨を業者に渡して散骨を委託。船の乗船はできない。散骨の時期も業者の都合による。	3〜6万円／1柱
合同散骨	ひとつの船に複数の家族が乗船して散骨。一家族につき1〜3名の乗船制限がある。	10万円〜15万円／1柱
個別（貸切）散骨	船をチャーターして散骨。	20万円〜40万円／1柱

ポイント

散骨のマナー

　散骨に関する法律というものはなく、葬送を目的するならば違法ではないという非公式見解をもとに、自主的なルールやマナーを厳守することで「散骨する権利」が守られてきました。自分たちで散骨をすることもできますが、以下のマナーに準じた形で行うことをおすすめします。

1. 遺骨は必ず粉骨をする
　　遺骨は原型を留めたまま散骨をしてはいけません。
2. 遺灰は異物を取り除き、水溶性の紙に包んでまく
　　遺骨は釘や入れ歯など金属類を取り除いてから粉骨する。
3. まく場所に配慮する
　　漁場や海水浴場、湖や河川などを避ける。
　　フェリーや遊覧船など散骨船以外からの散骨は不可。
4. 散骨は平服で、喪服は着ない
　　周囲の目に配慮して平服で乗船する。
5. 環境に配慮する
　　花束ではなく花びらをまく。
　　セロファンやリボンはとる。

手元供養

「すべての遺骨を散骨してしまうのは寂しい」という場合は、一部を分骨して手元に残しておくことをおすすめします。

手元に残しておく方法としては、市販されている手元供養品を利用すると便利なのですが、仏壇などに置いておくのか、身に付けるのか、また遺骨をそのまま納めるのか、別のものに加工するのか、どのように供養していくのか目的によって選ぶとよいでしょう。

●**手元供養となる品(例)**

	遺骨を納める	遺骨を加工する
置く	ミニ骨壺	**オブジェ、プレートなど** 故人の遺灰を合成加工したプレートなど 遺灰を埋め込むオブジェ
携帯する	**カロートペンダント** **携帯用骨壺**	**メモリアルジュエリー** **遺骨ダイアモンド** 遺灰から取り出した炭素からダイヤモンドなどを生成

 ポイント

参考：宇宙散骨

地球を飛び出して宇宙空間に散骨する取り組みも始まっています。カプセルに入れた遺灰をロケットに搭載して宇宙空間に放ちます。宇宙散骨を委託している代理店によって異なりますが、費用は１回の打ち上げで５０万円〜１００万円。ただし遺灰の量は数グラムとわずかな量しか搭載できないため、他の遺骨は別の場所で弔っていく必要があります。過去には打ち上げに失敗したこともあったので、リスクも考慮して検討するようにしましょう。

用 語 解 説 ･･

粉骨

散骨する場合には、２mm以下に粉砕することが望ましい。自分で粉砕することもできるが、業者サービスを利用することが多い。粉骨費用は１柱（１人分）で２〜４万円。

✔ いつでも

墓じまいを検討する場合

該当する人

お墓を
移動したい

納骨されている遺骨を取り出し、別の場所へ移動すること
を「改葬」といい、取り出した後は、元のお墓を更地にし
て返却する「墓じまい」が行われます。

●改葬・墓じまいの手順

親戚・寺院に改葬を相談

↓

遺骨の移動先を探す

↓

墓地契約

↓

必要な書類

①改葬許可申請書（既存の墓地の市区
町村役場のHPからダウンロード可能）
②埋葬・埋蔵証明（改葬許可申請書内の
埋葬・埋蔵証明欄に既存墓地の管理者か
ら証明を取得）
③墓地使用許可証（遺骨の移動先の墓
地の使用許可証）

↓

①～③を現在のお墓がある市区町村役
場に提出

↓

改葬許可証の発行

↓

遺骨を取り出す

↓

墓じまい：墓石を撤去して返却

↓

移動先に改葬許可証の提出・納骨

①改葬許
可申請書

②埋葬
証明欄

③墓地使用
許可証

※改葬許可申請書の中にある埋葬証明
欄を使い②を証明してもらう

お墓を整理する・移動する

　墓じまいとは、現在使用している
墓所を整理して返却すること。その
中に入っている遺骨を別の場所へ移
動する「改葬」とセットで考える必
要があります。使用していたお墓は、
墓石や外柵、付属品をすべて撤去し、
墓地を更地にして返還します。

　遺骨を別の場所に納骨する際には、
「改葬許可証」を移動先の墓地に提出
する必要があります。改葬許可証は
既存墓地がある市区町村役場に申
請、交付を受けますが、申請の際に

は既存墓地の管理者の証明と、移動先の墓地の契約書が必要になります。

　なお、散骨を目的とした墓じまいなど、遺骨を取り出すだけであれば改葬許可証は必要ありませんが、何の記録や手続きがないまま焼骨（火葬後の遺骨のこと）の取り出しをすると、後々トラブルになることも考えられるので、墓地・霊園によっては「遺骨引取申請書」の提出を求め、記載事項を精査のうえ「遺骨引渡証明書」を発行している所もあります。

改葬・墓じまいにかかる費用

　墓じまいをする際には、現在のお墓を更地にして返却する費用と、移動先の墓地の費用がかかります。移動先の墓地によって費用は異なりますが、ここでは一般墓の例と、合葬墓の例を紹介します。

　そのほかに、寺院墓地であれば檀家を離れる手続きが必要となります。その際、これまでお世話になった御礼として「お布施」を包む慣習があります。離檀料とも称されますが、強制されるものではありません。お布施を用意しないからといって、寺院が改葬を阻止することはできませんが、何の相談もなく一方的に「檀家をやめる」と切り出すのはトラブルになりやすいので改葬を考えるときは事前に相談しておくとよいでしょう。

●改葬・墓じまいにかかる費用の概算例

移転元	墓地撤去工事代	8〜15万円／1㎡
	墓石の処分	10万円／1㎡
	お布施の目安	1回の法要の2〜3倍程度

＋

一般墓（墓石型）

移転先※	墓地使用料	30〜100万円／1区画
	墓石代	70〜150万円／1区画
	工事代	30〜50万円
	お布施の目安（納骨法要）	3〜10万円

永代墓（合葬型）

永代使用料	10〜50万円／1柱
納骨費用	0〜3万円／1柱

※管理・維持費用は別途かかる。

こんなときどうする？
お墓に関する疑問・質問

お墓の購入や承継、墓じまいなど、お墓にまつわる悩みはさまざま。お墓にまつわるよくある質問にお答えします。

Q
兄弟でお金を出し合って、両親のお墓を建てることはできますか？

A：可能ですが、お墓を継ぐ人はどちらか一方のみです。

お墓は「祭祀財産」となり、分割することはできません。どちらか一方が継ぐことになります。例えば兄が祭祀主宰者（名義人）となった場合、お墓に関する権利を得るだけではなく、祭祀を執り行っていく義務も負います。弟が将来そのお墓に入る前提でお金を出したのであっても、祭祀主宰者である兄の承諾が必要となります。また、兄が先に亡くなった場合は、経緯を知らない承継者からお墓に入ることを断られる可能性もあります。確約にはなりませんがお墓を建立した経緯や約束事などを文書に残しておいたほうがよいでしょう。

なお、墓石には「鈴木太郎、山本次郎建立」などと共同で建てたことを明記することはできます。

Q
長男がお墓の名義人で墓守をしています。嫁いで名字が変わった自分が入ることはできますか？

A：墓守である長男と、墓地管理者（寺院など）の承諾があれば入ることができます。

お墓に入るには、祭祀主宰者（名義人）と墓地管理者の承諾が必要です。墓地の使用規則には、「原則として墓地使用権者の親族（6親等以内の血族、配偶者、3親等以内の姻族など）に限る」と規定されていることが多く、結婚して名字が変わった家族でも血族であるため同じお墓に入ることはできます。

ただし、長男が先に亡くなって祭祀主宰者が子世代に引き継がれた場合、関係性によっては入ることができないこともあります。

Q
兄弟・姉妹で遺骨を分けたいときの手続きが知りたいです。

Ⓐ：分骨する数だけ「火葬証明書（または分骨証明書）」が必要になります。

遺骨の一部を分けることを分骨といいます。分骨用の骨壺や手元供養品に分骨する形になりますが（245ページ）、分骨した遺骨に対してそれぞれ「火葬証明書（または分骨証明書）」が必要になります。この証明書がないと、誰の遺骨なのか不明となり納骨することができません。

「火葬証明書（または分骨証明書）」はどのタイミングで遺骨を分けるかによって発行者が異なります（下図参照）。

事前に分骨することがわかっていれば、火葬の際に証明書を出してもらう方が手続きがスムーズです。

Q
一人っ子同士の結婚。両家のお墓を受け継ぐのが難しい‥‥

Ⓐ：両家のお墓をひとつにまとめるか、どちらかを墓じまいして承継を前提としない永代管理（供養）にする方法も。

1人で両家のお墓を継ぐこともできますが、現実的には2つのお墓を守り続けていくことは困難です。その場合、両家のお墓をまとめて「両家墓」として承継していく方法があります。墓石には両家の家名を刻み、遺骨を改葬して同じ墓所に納めます。

ただし先祖が入っている古いお墓は家意識が強く、親戚の反対に

●**分骨した遺骨に対して「火葬証明書（または分骨証明書）」を発行してもらう方法**

火葬の際、火葬場で分骨	自宅保管の遺骨から一部を分骨	納骨済の遺骨の一部を取り出して分骨
火葬の際に火葬場に申請	火葬場または火葬場の管理者（役場）に申請	墓地管理者（寺院や役場）に申請

あうことも考えられます。宗教・宗派が異なる場合はどちらに合わせるかというのも問題になります。

両家をまとめることができればよいのですが、難しい場合はどちらかを墓じまいして承継を前提としない永代管理（供養）墓に納めるという方法もあります。

Q 年間管理料などの費用を滞納してしまうとどうなりますか？

A：無縁墓とみなされ、一定の手続き後に遺骨は合葬されます。

墓地使用権は、管理料や護持会費などが滞納されると、その権利が失効します。

名義人の連絡先や所在地を墓地管理者が把握している場合は、催促の連絡があります。連絡がつかない場合は、墓地埋葬等に関する法律にしたがって手続きがなされます。墓地の使用許可が取り消され、遺骨は取り出されて合葬されます。

Q 夫と一緒のお墓に入りたくありません。どうすればよいですが？

A：自分が入るお墓を生前に決め、遺言に記しましょう。

入るお墓を決めたら遺言書で「祭祀承継者」を指定しておき、付言事項にお墓について記載しておくとよいでしょう（202ページ参照）。必ず実行されるわけではありませんが、自分が決めたお墓に納骨される確率が高まります。

ただし、お墓が増えると残された人の負担が増えます。なぜ別にしたいのか理由を示し、どのようにしたいかあらかじめ話し合っておくことをおすすめします。

執り行い・手続きチェックシート

葬儀から相続までを対象にした作業確認のチェックシートです。すでに対応済みならば「対応済み」に、作業自体必要ないならば「必要ない」に□にチェックを入れることで作業の確認をすることができます※。また、特に確認すべき、もしくはやるべき項目については太字で表示しています。
※一部の項目には「必要ない」に□はありません

葬儀・法要

対応済み	必要ない	
□		**死亡診断書の受け取り**
□		**遺体の安置先の確保**
□		**死亡届の提出とコピー**
□		**葬儀社への依頼と打合せ**（火葬場選定も含む）
□		**寺院への連絡**（葬儀に日程・戒名の依頼）
□		**訃報の連絡**
□		**遺族挨拶の準備**
□		**法要の日程確認**
□		**遺品整理**
□		**本位牌・仏壇の準備**
□		**納骨の準備**

各種手続き

対応済み	必要ない	
□		**戸籍謄本の取得**
□		**印鑑登録証明と住民票の取得**
□	□	故人の勤め先への連絡（未払いの給与確認など）
□	□	**年金の支給停止と未払い年金の請求**
□	□	**遺族年金の請求**
□	□	寡婦年金の請求
□	□	死亡一時金の請求
□	□	**健康保険の資格喪失の手続きと返却**
□	□	**介護保険の資格喪失の手続きと返却**
□	□	世帯主の変更手続き
□	□	高額療養費の請求
□	□	**公共料金の変更・解約**（電気・ガス・水道）
□	□	クレジットカードの解約
□	□	**電話の変更・解約**（固定電話・携帯電話）
□	□	団体信用生命保険の手続き
□	□	**葬祭費・埋葬費の手続き**
□	□	児童扶養手当の手続き

相続

対応済み	必要ない	
☐	☐	**遺言書の有無の確認**
☐	☐	**相続人の把握**
☐	☐	**預貯金の確認**
☐	☐	**有価証券の確認・評価**（株式などの金融資産）
☐	☐	**借金の把握**
☐	☐	**不動産の確認・評価**
☐	☐	**財産目録の作成**
☐	☐	**相続方法の確認**（単純承認・相続放棄・限定承認）
☐	☐	準確定申告の確認・申告
☐	☐	遺産分割協議・遺産分割協議書の作成
☐	☐	自動車の名義変更
☐	☐	金融機関の口座の解約
☐	☐	不動産の名義変更
☐	☐	相続税の申告

生前対策

対応済み	必要ない	
☐	☐	遺言書の作成
☐	☐	生前贈与の確認
☐	☐	相続財産の整理
☐	☐	自宅の今後についての確認
☐	☐	介護や葬儀の方針の確認
☐	☐	家族信託・死後事務委任契約・身元保証の検討
☐	☐	マイナンバーカードの設定

お墓

対応済み	必要ない	
☐	☐	お墓の購入の検討
☐	☐	お墓の継承の確認
☐	☐	散骨の検討
☐	☐	墓じまいの検討

著者プロフィール

葬儀・お墓・終活コンサルタント
社会福祉士/介護福祉士
吉川 美津子 （きっかわ みつこ）

大手葬儀社、仏壇・墓石販売店勤務を経て独立。専門学校で葬儀人材育成に携わるなど教育事業には20年関与。近年は福祉・介護の現場でも活動している。メディア掲載・出演実績は500本以上。Yahoo！ニュース「吉川美津子の終活サプリ」連載中。

OCEAN GROUP株式会社／株式会社オーシャン
代表取締役
黒田 泰 （くろだ ひろし）

新卒で大手経営コンサル会社に入社。士業向けコンサル部門を同僚と立ち上げる。遺産相続に関する業務ノウハウを確立し、司法書士・行政書士・税理士の経営支援で実績を残す。2012年1月にオーシャングループを設立。年間2000件の相続案件を取り扱う。

司法書士法人オーシャン 代表社員 司法書士
行政書士法人オーシャン 社員 行政書士
山田 哲 （やまだ さとし）

中央大学法学部卒業後、2003年に司法書士試験に合格。税理士・弁護士と連携した総合的な相続関連業務および不動産登記業務に定評がある。相続関連業務や家庭裁判所への手続き業務に多くの実績を有する。

司法書士法人オーシャン
代表社員 司法書士

山﨑 亮太郎 (やまざき りょうたろう)

大学卒業後、司法書士事務所で不動産登記の実務を学び、不動産関連手続きに広い見識を持つ。現在は強みである不動産登記関連業務に加え、遺産相続のコーディネート、生前対策や家族信託のコンサルティングに精力的に取り組む。

行政書士法人オーシャン 代表社員 行政書士
一般社団法人いきいきライフ協会 代表理事

黒田 美菜子 (くろだ みなこ)

中央大学法学部卒業後、大手弁護士法人にてパラリーガルとして7年半勤務。数多くの法律実務を経験したのち、行政書士試験に合格して独立開業。相続遺言業務に特化した事業運営を行い、国内屈指の実務実績を誇る。

税務監修

ランドマーク税理士法人
代表社員 税理士 立教大学大学院客員教授

清田 幸弘 (せいた ゆきひろ)

地元農協に9年間勤務した後、開業。現在14本支店で相続相談に対応。相続税の申告件数は国内トップクラスの累計8000件を超える。

編集協力　　福元大記　金井佑介　山下将平　佐藤麻由佳
　　　　　　　　目黒京香　藤沼里緒　髙井結衣　潘麗　豊泉美郷

近しい人が 亡くなった・・・
手続きのすべて

2024年3月15日　発行

執筆	吉川美津子・黒田泰・山田哲・山﨑亮太郎・黒田美菜子
税務監修	清田 幸弘
イラスト	ひらのんさ
カバー・本文デザイン	越智健夫
DTP	株式会社ニホンバレ

発行人	佐藤孔建
編集人	梅村俊広
発行・発売	〒160-0008 東京都新宿区四谷三栄町12-4 竹田ビル3F スタンダーズ株式会社 https://www.standards.co.jp/

TEL：03-6380-6132

印刷所	中央精版印刷株式会社

●本書の内容についてのお問い合わせは、下記メールアドレスにて、書名、ページ数とどこの箇所かを明記の上、ご連絡ください。ご質問の内容によってはお答えできないものや返答に時間がかかってしまうものもあります。予めご了承ください。

●お電話での質問、本書の内容を超えるご質問などには一切お答えできませんので、予めご了承ください。

●落丁本、乱丁本など不良品については、小社営業部（TEL:03-6380-6132）までお願いします。

e-mail：info@standards.co.jp

Printed in Japan